Liderazgo con Cubrebocas

Las tendencias de Recursos Humanos
en la nueva normalidad

Carlos Calles Botello

Liderazgo con cubrebocas: las tendencias de Recursos Humanos en la nueva normalidad
© Carlos Gerardo Calles Botello, 2021
www.callesconsulting.com

© Editorial En nuestro tiempo, 2021
Monterrey, Nuevo León, México

Coordinación editorial: Carlos Alejandro Calles Guerra
Portada: Maritza Escamilla

Primera edición: agosto 2021

No está permitida la reproducción total o parcial de este libro sin el permiso previo y por escrito del editor o del autor.

Todos los derechos reservados.

ISBN: 9798461799700

Este libro es fruto de la experiencia y el amor, y lo dedico con emoción a mi esposa Adriana, mis hijos Charlie, Valeria, Maritza, Carlos, y a Gael, mi nieto adorado.

También con admiración y respeto a mis jefes, mis equipos de trabajo y compañeros que durante 40 años de labor alentaron mi liderazgo y me ayudaron a lograr el éxito.

ÍNDICE

La puerta de la casa	1
1. Teletrabajo	6
2. El buzón de transparencia	29
3. Diversidad e inclusion	48
4. La norma 035	70
5. Procesos sostenibles de RH	83
A pilotear la nave	94
Acerca del autor	97

Estamos en un coche yendo hacia el futuro
Utilizando solo nuestro espejo retrovisor

HERBERT MARSHALL MCLUHAN

LA PUERTA DE LA CASA

El camión pasaba a las cinco de la mañana. Ese día en particular, el frío era intenso. El rocío matutino se había congelado en los árboles y las hojas parecían piezas de cristalería fina. Yo era un joven inexperto lleno de sueños. Veintitantos años, delgado, la piel firme pegada al rostro. Pocos meses antes había comprado mi primera casa. Nos la entregaron con una puerta frágil, de dudosa solidez, y decidimos cambiarla. Pero durante el cambio tuvimos problemas con el carpintero y, en consecuencia, nos vimos obligados a vivir sin puerta durante dos días. Cubrimos la entrada con la puerta anterior, sin fijarla, solo recargada contra el marco. Colocamos unas sillas atrás para darle algo de soporte. Al tercer día, por fin, regresó el carpintero e instaló la nueva puerta, de madera sólida, muy bonita y digna, decorada con ocho rectángulos alineados de forma simétrica.

Como todas las mañanas de lunes a viernes, salí puntual, diez minutos antes de las cinco. Llevaba una chamarra negra con el logotipo de la empresa donde trabajaba, un gorro de lana y guantes. Tenía mucha hambre.

Mi esposa y yo comíamos solo dos veces al día; nos saltábamos el desayuno para hacer rendir la quincena. Lo hacíamos con gusto, hasta cierto punto, porque la prioridad era que a nuestro hijo no le faltara nada. Y también estaba el asunto de pagar la mensualidad de la casa y todo lo demás. Esos primeros años de adultez fueron difíciles. No extraño esos tiempos, pero siento un profundo agradecimiento por todo lo que aprendí. Estoy seguro de que hay cosas que solo se aprenden cuando uno enfrenta la adversidad.

Menciono lo anterior porque en estos días en los que vivimos una nueva normalidad, consecuencia de la crisis sanitaria mundial que inició en marzo de 2020, me pongo a recordar aquellos días en apariencia más sencillos. Digo en apariencia porque, ahora lo entiendo mejor que nunca, el pasado, el presente y el futuro son partes de un mismo monstruo. Nuestras experiencias cotidianas, a veces tan mundanas que nos parecen irrelevantes, son la base que nos permitirán adaptarnos a la incertidumbre del futuro. Hace poco leí un artículo en el *Stanford Social Innovation Review* sobre cómo la crisis del ébola en África, cuyo manejo por parte de las autoridades sanitarias mundiales estuvo plagado de errores administrativos, preparó a la OMS para un manejo más apropiado de la pandemia del COVID-19. De igual manera, siento que todas mis experiencias en estos cuarenta años trabajando en Recursos Humanos me han preparado para entender de dónde venimos y hacia dónde tienen que avanzar las organizaciones de hoy para lograr mantenerse y prosperar en esta nueva normalidad. Y lo que se venga en los próximos años.

El mundo empresarial no puede, y no debe, ser el mismo después de esta experiencia transformadora. Es hora de decir adiós al *business as usual* porque las cosas ya cambiaron. La situación de pandemia, aunque parezca que en países desarrollados empieza a controlarse, está generado tendencias que debemos adoptar lo más pronto posible porque en cuestión de pocos años se volverán el nuevo estándar. Por otra parte, este año y medio de pandemia también ha consolidado otras tendencias que ya veíamos venir desde hace tiempo. La consigna a partir de ahora es: o te adaptas o desapareces.

En este libro expongo por qué las empresas deben integrar las nuevas tendencias de Recursos Humanos a su modelo de negocios. Todo parte del hecho de que, a diferencia de antes, la persona es la figura más importante de una empresa. Los resultados siguen siendo una prioridad, por supuesto, pero ahora también nos preocupa cómo y en qué contexto social obtenemos dichos resultados. Para lograr esto, las empresas están adoptando propósitos y compromisos sociales que van más allá de la rentabilidad, porque entienden que con sus acciones pueden cambiar el mundo.

En los siguientes capítulos presentaré cinco razones por las que es vital que las empresas integren estas nuevas tendencias. De inicio, hablaré del trabajo a distancia o teletrabajo. Las condiciones sanitarias en el planeta nos han orillado a darnos cuenta de que trabajar de manera remota es posible y, desde muchos puntos de vista, conveniente. Incluso cuando sea posible regresar de forma segura a oficinas, edificios y otros centros de trabajo, muchísimas empresas optarán por formatos híbridos que combinarán lo presencial con lo virtual. Zoom, Microsoft Teams, Skype y demás plataformas, que quizás hoy nos tienen un poco hartos, seguirán vigentes muchos años más. Para las nuevas generaciones serán parte de la normalidad. Es el presente y el futuro. Entonces, como líderes de equipo y de nuestras organizaciones, debemos saber cómo administrar con eficiencia y dignidad esta nueva realidad.

También abordaré por qué la ética y la transparencia no son fórmulas para alcanzar el éxito, sino el éxito mismo. Profundizaré en los beneficios integrales, es decir, transversales a toda la empresa, de entregar a las personas la posibilidad de expresarse en libertad, y cómo lo podemos lograr con orden y estructura.

Otro tema será el de la diversidad e inclusión, y por qué las empresas globales ya no lo consideran una tendencia sino un imperativo de negocio. Sin estas, las empresas se descalificarían a sí mismas como opción para el talento disponible en el mercado laboral. Veremos, además, cómo en muchas ocasiones las minorías son las que aportan la mayoría de los atributos necesarios para crear una nueva cultura empresarial donde se detone la creatividad incluyente.

Por otro lado, e igual de relevante, estudiaremos cómo el apoyo psicosocial a las personas se valora cada día más y debe formar parte del negocio. Gente sana con mente sana es la fórmula para un negocio sano. La NOM-035 es la nueva norma del gobierno mexicano que nos ayuda a estructurar el apoyo psicosocial para todas las personas de una organización. En el capítulo correspondiente explicaré en qué consiste y cómo las empresas pueden prepararse para cumplir con esta norma auditable.

Por último, veremos cómo los procesos sostenibles en Recursos Humanos fincan las bases de la permanencia de las empresas y de su talento. Este punto engloba los cuatro anteriores porque dichos procesos permiten lograr un crecimiento sostenido, que es a lo que todo negocio aspira. No seré exhaustivo porque son muchos los procesos involucrados en una empresa, pero sí cubriré los más esenciales y que, considero, tienen un mayor alcance a lo largo y ancho de una organización.

Creo que muchas empresas, sean pequeñas o globales,

hoy están en una situación similar a la de mi primera casa: tienen un techo, agua corriente y otros servicios, y parecen ser, en gran medida, funcionales. Pero no tienen la puerta que los pueda proteger de las cuestiones más esenciales. Si lo pensamos bien, para eso compramos una casa: para cerrar la puerta. Ese es todo el chiste. Si no hay puerta principal o si no la podemos cerrarla cuando se requiere, estamos expuestos y somos vulnerables. Claro, la analogía de la puerta se sostiene porque también se abre y hay que saber abrirla en los momentos precisos para aprovechar las oportunidades. Espero que este libro sea esa oportunidad y les proporcione las herramientas para construir una puerta digna con la solidez suficiente para permanecer con éxito y bienestar por muchos años más.

1. TELETRABAJO

La primera tendencia global que los líderes de RH deben contemplar durante la nueva normalidad es la del **Teletrabajo**. Sobra decir que la pandemia del COVID-19 ha cambiado la manera en que un líder se relaciona con su equipo. Eso ya lo sabemos. Sin embargo, el reto de los líderes en esta nueva realidad todavía es un tema poco explorado. Y aunque estoy seguro de que, de forma general, las organizaciones lograrán sacar adelante el trabajo, lo cierto es que todavía hay mucho por hacer y aprender. En la mayoría de los casos, la transición fue demasiado repentina y no hubo tiempo para reflexionar sobre los puntos a considerar para lograr un liderazgo eficiente en una situación de teletrabajo.

El teletrabajo presenta diferentes exigencias y nuevas formas de compartir y guiar a un equipo. Por eso debemos de considerar cuatro pilares que nos ayudarán a ser líderes eficientes de manera remota.

El primero es conocer la nueva ley del teletrabajo para asegurar su cumplimiento y, como buenos líderes, sacarle provecho. Conocer lo básico de la ley puede incluso servir para motivar a los empleados. El tema de la motivación también lo veremos en este capítulo. El segundo pilar es el del liderazgo desde la pantalla. Como era de esperarse, las cosas deben hacerse diferente y no todos están listos para dar ese salto. Y no son solo los problemas tecnológicos los que pueden interferir en este liderazgo.

Algo esencial para este liderazgo remoto es contar con los procesos adecuados de Recursos Humanos para que nuestras acciones sean efectivas y eficientes. Ese es el tercer pilar: los procesos. Uno de los temores principales del teletrabajo es que se pierda la efectividad de la organización y que las metas no se alcancen por no estar trabajando presencialmente en una oficina, planta o cualquier otro espacio compartido. Para evitar lo anterior, profundizaremos en estos procesos que nos ayudarán a sacar adelante al equipo. Por ahora, destacaré primero la fijación de los objetivos. No es igual fijar un objetivo cuando trabajas presencialmente que cuando trabajas de manera remota. Se fijan diferente y deben cumplir con características especiales, las cuales detallaré después. El segundo proceso es el del seguimiento al trabajo, que cambia por completo en el plan remoto. El tercero que revisaremos será la evaluación del desempeño. Algo importantísimo para el logro de las metas es medirlas. Subrayen esta frase o apúntenla por ahí, aunque sea en un post-it en su escritorio: **Lo que no se mide no se mejora.** Entonces, para lograr una meta y lograr más con menos, la evaluación del equipo debe realizarse correctamente. Los cambios principales están en el renglón de la retroalimentación y, por otro lado, en los tiempos para realizarla. Finalmente, el cuarto y último punto de estos procesos de RH es el *coaching*. La manera de brindar *coaching* al equipo cambia, sobre todo en un punto crucial: la motivación. ¿Cómo vamos a motivar al equipo si, tal vez, mientras yo les hablo ellos están contestando mensajes de WhatsApp o revisando Instagram? No es lo mismo motivar a alguien en persona, que a ese mismo alguien desde una pantalla.

Esta sección de teletrabajo cierra con el siempre importante tema de la comunicación. Debemos asegurarnos de que contamos con las herramientas de comunicación idóneas y, también, que identifiquemos los canales correctos para comunicarse. Lo veremos más adelante con detalle, pero un ejemplo claro es el de la accesibilidad del equipo a la tecnología, a los líderes y a los expertos. Lo anterior está cambiando la comunicación empresarial. En particular porque la generación *Baby Boomer*, que va de salida y ocupa posiciones importantes dentro de las organizaciones, pudiera tener problemas con la tecnología. El aspecto generacional es un *game changer*, pues puede condicionar la eficiencia de la empresa y del trabajo diario. Este tema también lo abordaremos en el capítulo de diversidad e inclusión.

En resumen, el objetivo de este capítulo es entender cómo un buen teletrabajo puede impactar positivamente la productividad. Entonces, los invito a considerar **los cuatro pilares** para lograr un sistema eficiente de teletrabajo en la nueva normalidad.

LOS CUATRO PILARES

Primer pilar: La nueva ley sobre el teletrabajo

Este primer pilar es, más que un pilar, la base en la que se inscribe todo lo demás. Es importante conocer la ley y cumplirla porque, sobre todo, así nos aseguramos de que se están respetando los derechos de los trabajadores.

Pero no empiecen a bostezar. No voy a elaborar con

demasiado detalle este punto, no es mi intención. Tampoco citaré las enmiendas al artículo 311 de la constitución. Si quieren consultarlas con detalle, lean el decreto publicado en el Diario Oficial de la Federación el 11 de enero de 2021. Basta googlear: DOF teletrabajo 2021 y ese será el primer resultado.

De todas formas, vámonos con calma. ¿Qué dice y qué se debe considerar? Primero, que esta ley aplica exclusivamente para el teletrabajo, es decir, para cuando el 40 % del trabajo, o más, se desarrolla desde casa. También se exige que este cambio de modalidad se establezca por escrito para que, si se opta por el teletrabajo, bajo ninguna circunstancia afecte la relación laboral entre el patrón y los trabajadores.

Esto es relevante porque el contrato, además de lo anterior, debe incluir otras cuestiones importantes como la obligación del empleador de suministrar el equipo de trabajo y el servicio de mantenimiento necesario, así como el pago de una parte del recibo de la luz e internet. ¡Bum! También, el salario no debe ser menor al de un trabajo presencial, siempre y cuando se tengan las mismas responsabilidades.

Otro tema importante es el derecho a la igualdad y a la no discriminación, que, entre otras cosas, implica el derecho a la intimidad. Esto significa que la empresa tiene derecho a supervisar a un empleado utilizando la cámara y micrófono de un equipo, pero sin violar la intimidad de la persona. En otras palabras, se utilizarán solamente si la actividad lo requiere. En una junta o reunión de trabajo, claro que se justifica el uso de cámara y micrófono. Pero, como veremos más adelante, el líder deberá confiar en que los miembros de un equipo estarán haciendo el trabajo, a su tiempo, sin la necesidad de pedirles que tengan activada la cámara todo el tiempo. ¿Por qué? Por sentido común:

el empleado está en su hogar, lo que implica que la familia o con quien comparta su domicilio también estará ahí; están compartiendo el mismo espacio. Y si la pareja o el hijo del trabajador va a cruzar por la sala para llegar a la cocina, debe poder hacerlo sin el temor de que está siendo observado.

Por último, muy relacionado al punto anterior, la nueva ley aborda el tema del derecho a la desconexión. Es decir, se debe de establecer un horario para el trabajo. Después de cierta hora, se debe respetar la privacidad y el empleado está en su derecho de no contestar llamadas, correos electrónicos o mensajes.

Estos puntos que destaco no son los únicos, las enmiendas y adiciones a la ley son más extensas, sin embargo, aquí me enfoco en las que serán más relevantes para los puntos que se desarrollarán más adelante.

Como veremos a continuación, el trabajo desde casa impacta la vida de los trabajadores de forma diferente a la presencial y, aunque sigamos hiper conectados a través del celular, tablet o una computadora, las consecuencias físicas y mentales del teletrabajo requieren atención especial.

Segundo pilar: Liderazgo desde la pantalla.

Este segundo pilar implica la modificación de nuestro liderazgo. No importa el nivel del líder, el liderazgo desde la pantalla es diferente al presencial. El teletrabajo presenta diferentes exigencias y nuevas formas de compartir y guiar a un equipo.

Lo primero que se necesita es el cambio de actitud del líder. En el pasado, ser líder era un poco más fácil porque al tener a las personas en frente, conviviendo en el mismo espacio, era más sencillo percibir a través del lenguaje no verbal y el ambiente de trabajo, cómo proceder para ejercer un liderazgo efectivo. En un ambiente presencial se respira la tensión o el entusiasmo de un equipo, sin embargo, en la pantalla la gente no se junta, no está ahí, tan solo vemos cuadritos y una representación digital de las personas. Las comunicaciones pueden estar rotas entre ellos o, de igual forma, alguno puede estar viviendo una problemática social, familiar o económica que pasará desapercibida porque su micrófono está en mute y solo lo escuchamos durante sus breves intervenciones. Desde la pantalla es fácil ocultar los suspiros, los gestos, los movimientos corporales que, en otras circunstancias, podrían revelarnos una situación personal crítica en la cual nosotros podríamos intervenir, tanto por el bien del empleado como de la empresa. El líder tiene que buscar formas para romper esa barrera y encontrar la fórmula para poder llegar a la gente.

Una de esas formas es establecer algo que siempre debe existir, pero que ahora se convierte en fundamental: la confianza.

Un nivel de confianza alto es el factor clave en un liderazgo remoto exitoso. El líder debe tener confianza en su equipo porque la supervisión será intermitente, es decir, no los estará observando a lo largo del día y es posible que haya días en que no sepa nada de ellos. ¡Y eso está bien! Con ciertos límites, claro. No estaremos en la oficina contigua y no vamos a estar viendo al equipo por cámaras de seguridad, eso incumpliría con la ley del teletrabajo, entonces la confianza se extiende, debe ampliarse. Es necesario confiar en que el equipo, de forma individual y colectiva, aprovecharán y administrarán su tiempo y, al hacerlo, aplicarán sus capacidades para lograr los objetivos. Esta actitud de confianza es la nueva actitud que debe permear en todas las interacciones entre líder y equipo.

Luego, una situación muy particular de la nueva normalidad es la de la accesibilidad. Este punto es transversal a los pilares y a todo el teletrabajo. Hay que estar accesibles y hay que ser flexibles. ¿En qué sentido ser flexibles? En el sentido de que si hay confianza podemos estar seguros de que, quizás alguien del equipo no va a estar trabajando en los momentos en que yo estoy trabajando, pero de alguna manera, al final del día, van a cumplir con cada uno de los puntos de la *checklist* de tareas pendientes. Que quede clarísimo, esta confianza no debe darse por sentada, se debe construir y el liderazgo en situación remota exige una confianza diferente a la del trabajo presencial.

Relacionado con lo anterior está el manejo de los tiempos. A veces será complicado encontrar los tiempos correctos, la distribución adecuada entre lo que tiene que hacer el líder, como su propio trabajo, y el tiempo para estar accesible a los miembros del equipo. En mi experiencia, en los estudios que he realizado y participado, al hablar con los y las líderes de importantes empresas mexicanas y transnacionales, es evidente que tienen un serio problema para organizar el tiempo. A medida que el teletrabajo se vuelva más intrínseco a la experiencia laboral, deberán dominarlo mejor. Pero es un reto muy importante encontrar el tiempo para hacer el trabajo propio, el que no puede delegarse o que el líder inmediato requiere, y otro tiempo más para supervisar, guiar, motivar, evaluar y estar accesible para el equipo. Tal vez ahora más que nunca, los días largos parecerán de 36 horas debido a la cantidad de trabajo que puede acumularse si no nos organizamos. Es complicado, pero esa toma de decisiones es trascendental.

Tercer pilar: Procesos de RH para ejercer un liderazgo eficiente

Fijación de objetivos

Entre estos procesos, el primer punto importante es fijar los objetivos del empleado correctamente. Recordemos: durante este proceso no vamos a tener la cercanía física ni la puerta de la oficina abierta para que entre quien sea del equipo a preguntar en el momento en que surja una duda. Por lo tanto, será necesario tener un horario para atender a cada uno o a todos en grupo. Les presentaré un horario muy específico más adelante.

Para definir correctamente los objetivos de manera remota, primero recordemos que los objetivos los ayudarán a que ellos sepan exactamente la meta que van a alcanzar, lo que tienen que lograr. Es probable que tú no estés ahí para recordárselos en el momento preciso, y si consultan a un experto del área en la empresa, también los pondrá en lista de espera. Esa falta de accesibilidad podría limitarlos en el cumplimiento de sus objetivos. Entonces, la accesibilidad es siempre a tres cosas: a la tecnología, a los expertos y al líder, porque el líder no siempre va a tener todas las respuestas.

Es por eso que un buen líder debe tener una competencia llamada *staffing*, que es la habilidad de identificar a las personas que son expertas en el campo y rodearse de ellas, pues le servirán como soporte para que el equipo logre sus metas. Alguien en Finanzas tiene que recurrir a la gente de Recursos Humanos o alguien de Nóminas tiene que consultarle algo a la gerente de la planta. Esos son los expertos y les ayudarán a resolver sus dudas operacionales en el día con día y deben estar accesibles. Hablamos también de accesibilidad a la tecnología. Hay que saber usarla y explotarla, lo mejor posible para cumplir con los tiempos y con los objetivos. En este punto de la fijación de objetivos, será indispensable para lograr entablar la comunicación correcta.

Para evitar conflicto, los objetivos se deben poner por escrito. El líder debe sentarse en una videollamada o videoconferencia con cada uno de los miembros del equipo para definir sus objetivos. Esos objetivos pueden cambiar o ajustarse. Si son objetivos de ventas, objetivos de servicio u objetivos de logro de calidad, todos deben poder modificarse según las necesidades del negocio.

Ahora sí, se acerca lo bueno: la redacción del objetivo. Lo más importante para que el objetivo se cumpla, es que en la redacción se cumpla con la metodología **SMART**. ¿Qué significa SMART?

Esta clasificación, herramienta o método para fijar objetivos fue inventada por George T. Doran. Aunque a ciencia cierta nadie está seguro, por lo general se le acredita a él la invención de esta herramienta. Otras fuentes asocian a SMART con Peter Drucker, consultor austriaco, pero de momento eso no es tan importante. Lo que sí vale la pena saber es que lo que significa cada letra del acrónimo puede variar. Es normal encontrar que la A significa Achievable (realizable) o también Assignable (asignable). La R puede significar Relevant (relevante) o Realist (realista). En otras palabras, la base está ahí, pero con el tiempo el significado de las letras se ha adaptado a las necesidades de los líderes.

SMART, entonces, es un acrónimo en inglés que, para fines de este libro, representa lo siguiente:

S: Específicos (specific)
M: Medibles (measurable)
A: Realizable (achievable)
R: Relevante (relevant)
T: Límite de tiempo (timeframe, time bound, time limited).

Ahora expliquemos cada uno. El objetivo por escribir debe ser muy específico, de lo contrario se convierte en un buen deseo nada más. Por eso la importancia de redactarlo y limpiar la redacción para que sea concreto y esté delimitado; o sea, específico. Si es específico, por lo general es más fácil medirlo. Por ejemplo: Voy a lograr una mejora en el servicio a los clientes, en el área de telemarketing, del 20%. Ese es un objetivo medible (aunque de momento está incompleto). Y, aunque no se especifique en la redacción, tanto líder como empleado están conscientes de que se puede lograr (A de achievable) porque el equipo de telemarketing se está capacitando, tiene la experiencia, entre otros posibles factores. Además, es relevante porque el logro del objetivo deberá traer una utilidad para la empresa. En este caso, por el descenso en las quejas de los clientes, es posible que la utilidad se genere por el efecto de tener menos quejas, que se traduce en menos devoluciones de un producto. Por último, pero no menos importante, el tiempo límite: Esto será logrado para septiembre de 2022. SMART.

Con el ejemplo anterior, resulta muy sencillo darse cuenta de la utilidad del proceso. Para verificar si se cumplió con el objetivo, tanto el empleado como el líder deben revisar en octubre de 2022, un mes después del límite de tiempo, si se cumplió con los puntos establecidos en el objetivo. Lo más probable es que el empleado ya lo sepa desde antes, si lo cumplió o no, pues la redacción clara del objetivo ayuda a no perder de vista lo que se pretende lograr. Esta misma claridad, ayudará a los líderes durante la fijación y la revisión de los objetivos desde la pantalla. SMART es una herramienta de apoyo tremendo en esta nueva normalidad.

El seguimiento

El segundo proceso para considerar es el seguimiento. En pocas palabras: debes dedicarle tiempo a cada persona todos los días.

Mi recomendación es armar una agenda negociada con el equipo. Digamos que yo tengo cuatro personas en mi equipo. Los lunes nos vamos a juntar todos, una junta general donde se revisa la agenda de la semana y se reporta lo que se espera lograr. Después, de martes a jueves, se tendrán reuniones de trabajo (ojo, no les llamemos juntas; más adelante hablaré sobre ese tema) con cada uno de los integrantes del equipo. Con Empleado A a las nueve de la mañana, los tres días. Con Empleado B será a las diez de la mañana, los tres días. Y seguro ya ven para dónde va esto. Con C a las once y con D a las doce. Los tres días, de martes a jueves. Luego sigue la hora de la comida y de una desconexión temporal. Lo que se tenía que ver ese día con cada empleado, ya se vio. Ahora sigue mi tiempo: yo, líder, haré mi trabajo a partir de las dos y media o tres de la tarde. Si hay alguna emergencia, también se atiende en este tiempo. Lo que mi superior inmediato me asignó y no puedo delegar, también. A las seis de la tarde me despido, tal vez con un mensaje en un grupo de mensajería y listo, hago mi desconexión que se exige por ley.

Ese tiempo de la tarde es clave para hacer el trabajo propio y se debe aprovechar: crear proyecto, hacer los análisis y planeaciones a futuro y cualquier otra cosa que implique mi trabajo. También es posible agendar estas horas para trabajar en conjunto con mi propio líder y para revisar correos o, incluso, una reunión breve con alguien de mi equipo, de requerirse de forma inaplazable.

¿Por qué no le llamamos juntas? Por la famosa juntitis. Dejemos claro lo siguiente: hay un vicio en México y toda Latinoamérica de llamar junta a todo. La del lunes, en el ejemplo anterior, sí es una junta. Ahí voy a coordinar los esfuerzos para toda la semana. Las demás son reuniones de trabajo, donde se espera que la persona trabaje y el líder oriente, resuelva dudas y motive. Hay que hacer esa diferencia. El exceso de juntas es un tema gravísimo y, en un libro de otra naturaleza, merecería un capítulo completo.

Por lo pronto, aquí vamos a aclarar lo que es una junta. Una junta, de inicio, siempre tiene un objetivo claro. Siempre. Y se deben seguir ciertas reglas.

Decíamos que las juntas tienen un objetivo, ya sea informar, para trabajar, para tomar decisiones, analizar información, desarrollar proyectos, muchos tipos de objetivos. En las reuniones de trabajo que señalé con los integrantes del equipo, el objetivo es la supervisión del líder y, por eso, no hay que llamarles juntas, sino tiempo de trabajo con el equipo. De lo contrario, nos viene a la mente la idea de que siempre estamos en junta: junta con mi jefe, luego junta con un cliente y junta con los de sistemas y junta con los de Responsabilidad Social y así nos vamos, de junta en junta, todo el día en junta. No, los momentos de supervisión son reuniones que sirven como tiempo de trabajo. En este tiempo de trabajo se debe trabajar para lograr los objetivos (más sobre los objetivos en la evaluación), no se trata de transmitir información o de inventarse actividades que no sumen al desempeño global del empleado.

En resumen, la junta es el lunes y, tal vez, algún viernes

donde el equipo me reporta lo que hizo y yo doy retroalimentación y les facilito su trabajo; esa es la labor del líder, eliminar las problemáticas para que ellos puedan lograr sus objetivos. Además, las reglas de las juntas no se pueden romper para que sean eficientes. La mayoría de las organizaciones tienen un verdadero asco de juntas. Yo he sido testigo de múltiples empresas entre las 500 más grandes, según Fortune (o la lista de Expansión, en México, si te sirve más esa referencia), que tienen una gran problemática con la organización de sus juntas. Me consta, he trabajado con muchas de ellas.

La primerísima regla de las juntas es la puntualidad. La junta es a las diez de la mañana. Se vale si llegas a las diez con cinco minutos, pero la junta empezó a las diez y ya te perdiste lo primero. Como decimos en Monterrey, ya marchaste, después preguntas por tu cuenta a alguien más sobre lo que pasó en esos minutos que te perdiste. La junta es a las diez y a las diez inicia con el tema. Es un error terrible decir: por respeto a los que llegaron temprano, vamos a iniciar. Nada de eso, no es por respeto, es porque la junta empieza a cierta hora y a esa hora va a comenzar, esté quien esté, *sorry*. En México es una experiencia traumática para las organizaciones, sobre todo al principio cuando se empiezan a adaptar estas reglas. Después, con el tiempo, se convierten en organizaciones puntuales que valoran el tiempo propio y de los demás. Ahora ya existen las alarmas en el celular, en la computadora, las notificaciones quince minutos antes de la hora pactada, entre tantas otras herramientas, demasiadas, que apoyan a las personas a ser puntuales. Simplemente, no hay excusas.

La segunda regla es que debe haber un coordinador de la junta. Hay un líder, claro, que es quien maneja el tema a tratar. Por ejemplo, el director general con sus directores va a tratar el tema del crecimiento de la organización o los incrementos de sueldo y los movimientos organizacionales. Pero también hay un coordinador que, justamente, coordina y dice: oigan, la junta va a durar tres horas, entonces a tal hora se atraviesa la comida, yo me encargo de pedir algo para comer, ¿qué quieren? O anuncia: voy a traer pizza y hamburguesas. Y una persona que lleve el tiempo y tenga la autoridad de decir: ya llevamos media hora y la junta es de tres horas, nos faltan cinco personas por presentar, entonces cada una tiene treinta minutos solamente para presentar. O: vamos atrasados, hay que ser más puntuales en lo que decimos y ponernos las pilas, no hemos avanzado nada. O, en otro caso, preguntarle al líder cuáles son los temas más importantes para postergar la discusión de los menos relevantes y dejarlos para otra ocasión. El último puesto a asignar es el de secretario, a quienes de chiste llaman escribanos o minuteros, es decir, quienes arman la minuta. Parecen nombres de chiste, pero la función del secretario es anotar todo y hacerle llegar la minuta a los presentes. Parecen reglas tan básicas, pero no se siguen y, por eso, las juntas a veces parecen eternas, aburridísimas y se pierde mucho tiempo en ellas. No hay más, estas son las reglas esenciales para las juntas.

La evaluación de desempeño

En la evaluación de desempeño se miden dos cosas, principalmente: los objetivos. Ya abordamos cómo fijarlos en el apartado anterior, ahora debemos detallar cómo medirlos detrás de la pantalla y, sobre todo, aprovecharnos de esta medición para el beneficio del empleado y la empresa.

Como, idealmente, los objetivos los formulamos utilizando la herramienta SMART, verificar si se cumplieron debe ser muy sencillo. Basta ver los números, las fechas, compartir pantalla para verificar que los datos estén registrados y sean ciertos y listo. Así de fácil, porque la justificación será muy sencilla: el líder le pregunta al miembro del equipo si, por ejemplo, alcanzó el objetivo número uno, el de lograr un 20% de mejora en el servicio a los clientes antes de septiembre. Y la respuesta debe ser: sí, porque antes había 5,000 quejas y ahora solo hay 2,000, gracias a esta lista de acciones que se tomaron.

Muy bien, felicidades. Ahora, sin embargo, vamos a centrarnos en cómo medir otros objetivos, los de desarrollo. Estos no hay que descuidarlos, porque serán muy relevantes a lo largo de este y de los demás capítulos. Toda empresa y toda persona que trabaja en una organización debe tener sus objetivos de trabajo y sus objetivos de desarrollo, a veces también llamados profesionales. Este tipo de objetivos son los que nos ayudarán a motivar a las personas en la modalidad de teletrabajo.

¿Cómo van a motivar los líderes de forma remota, si ya no se puede dar una palmada en la espalda o llevar a comer o invitar unos *drinks*, pues no se permiten en tiempos modernos este tipo de reuniones? Fácil, la respuesta es: planeando y conociendo su futuro dentro de la organización. La certeza de conocer el futuro, aunque sea a medias, brinda estabilidad emocional y eso es de lo que más vale para una persona hoy en día, ante la incertidumbre de la crisis económica mundial donde se pierden miles de trabajos por la pandemia o por las condiciones económicas locales y globales de cierto sector productivo en una ciudad o país, y un largo etcétera. Certeza. Estabilidad. Sentir que existe un propósito y que hay un futuro programado para él o ella en el panorama futuro de la organización. En los negocios se habla constantemente de situaciones VUCA: volátiles, inciertas (uncertain, en inglés), complejas y ambiguas. Este acrónimo representa el mundo actual más que nunca, por lo que crear certidumbre entre el caos bajará los niveles de ansiedad, traerá estabilidad y, lo más importante, motivación.

Además, relacionado con lo anterior, es necesario que pensemos desde una perspectiva sostenible, es decir, ¿cómo podemos sostener la situación de estabilidad y motivación a través del tiempo. Una manera de operar con sostenibilidad dentro de la empresa es tener una visión que perdure a través del tiempo, por lo que debemos de tener cuidado de no ofrecer nada que no podamos cumplir dentro de esa visión. Solo existe un puesto de gerente de finanzas, por ejemplo, por lo que no podemos incentivar a alguien prometiendo un puesto al cual aspiran veinte o más personas. Sobre todo, si sabemos que esa persona tiene alguna falla crítica que, desde un criterio objetivo, no le permitirá llegar a un alto puesto. Seamos conscientes de lo que está en juego y orientemos a los miembros del equipo a establecer objetivos de desarrollo realistas. Entonces, digamos, el objetivo de desarrollo va a ser crecer y alcanzar otra posición. El empleado debe preguntarse, entonces, ¿qué necesito para alcanzarlo y cuánto tiempo requiero para llegar a ese puesto? Si el proceso se maneja con transparencia y como líderes hacemos bien este trabajo, vamos a tener a un equipo que tanto en lo individual como en lo colectivo estará muy comprometido y las personas comprometidas son las que logran sus metas.

Ahora bien, estos objetivos de desarrollo, al igual que los objetivos de trabajo, deben retroalimentarse. Este *feedback* debe cambiar en la nueva normalidad. ¿Cómo cambia? En el pasado, lo típico era que se fijaban los objetivos a principio de año o al terminar el año anterior, en diciembre. Entonces se programaba una evaluación de desempeño en junio, a mitad de año, para ver el progreso:

¿cuánto se ha avanzado?, ¿qué problemáticas están impidiendo que se avance en el objetivo? En esta junta se revisan ambos objetivos, no lo olvidemos, los de desarrollo y los de trabajo.

Imaginemos la situación. Javier fijó como objetivo de desarrollo tener el puesto de su jefe tras su jubilación a fin de año. En la evaluación de mitad de año, juntos revisan que esté cumpliendo con el plan de capacitación establecido en enero y que el proyecto grande, que le delegaron a Javier, y que va a ahorrar miles de dólares a la empresa, vaya por buen camino. Si algo no va bien, entonces juntos repasan los objetivos para ver cómo el jefe puede apoyarlo para que, a finales de año, todo esté en orden y la transición fluya sin problemas. Esa evaluación es típica. Después, se hace otra evaluación a fin de año donde se define si se cumplieron o no los dos tipos de objetivos. Si no se cumplieron, entonces es importante tener las cosas muy claras para ver cómo se debe actuar o qué hay que adaptar o adecuar para lograrlos y permanecer vigentes en la organización. Esto es lo típico, siempre ha sido así.

Ahora en la nueva normalidad, este tipo de evaluaciones no pueden esperar seis meses. Definitivamente no. Deben ser más frecuentes, sobre todo en la parte de objetivos de desarrollo, para que la motivación existe y sea casi permanente. Cada tres meses se debe llevar a cabo esta evaluación. Repasar con mayor frecuencia estos objetivos de desarrollo, que representan el crecimiento profesional de una persona, ayudará a crear certidumbre, estabilidad y a mantener el compromiso con la empresa. Más adelante hablaremos de cómo las nuevas generaciones, en particular los Millennials, tienen poco sentido de lealtad con las empresas, entonces la motivación será crucial para retener el talento.

En resumen, durante la nueva normalidad, el *feedback*

tiene que ser más frecuente, cada tres meses de forma oficial o formal; cuatro evaluaciones al año: a los tres, a los seis, a los nueve y a los doce meses. Si se quiere, no es necesario registrar la de los tres y los nueve meses en el sistema, esas podrían ser más informales, pero siempre con apertura y disponibilidad. Llega el día de la evaluación, se sientan frente a la pantalla y pasan un par de horas o tres, de ser necesario, y se hace un análisis de todo lo que tendría que haber cumplido hasta el momento. Es importante aprovechar a los buenos empleados que están haciendo bien su trabajo a distancia para señalarlos como casos de éxito y compartirlo con los demás miembros del equipo o de la organización. Por todo esto, la evaluación de desempeño debe cambiar y ha cambiado durante la nueva normalidad.

Coaching

Todos los líderes, de una u otra forma, son *coaches*. Pero es importante señalar que no todos los líderes que eran buenos *coaches* en el mundo presencial, son buenos desde la pantalla. Se deben de tener ciertas consideraciones especiales desde la pantalla, desde diferentes conocimientos hasta nuevas competencias. He conocido muchísimos casos en los que un líder era muy bueno presencialmente en la oficina, pero que ahora pareciera que se desentienden de su equipo y les transmiten indiferencia. Aunque esa no sea su intención.

Es una cuestión social, o quizás algo aprendido, por carácter o personalidad. Hay gente que, simplemente, no puede poner atención a la pantalla. Se distraen y atienden otras pantallas, la del celular, la tableta, incluso la televisión cuando la oficina en casa es abierta y se comparte con otros espacios y personas.

Como se está trabajando desde casa, esto aumenta. Si

los hijos están en *homeschool* o la pareja trabajando en la misma oficina o si los hijos pequeños piden su atención, lo que sea, las distracciones pueden ser un factor recurrente y provocar una desconexión. Entonces, con un liderazgo equivocado de una persona, los resultados de la empresa se pueden ver impactados. En situaciones comunes, como la descrita anteriormente, el líder debe tener la sensibilidad para saber dar el *coaching* adecuado. Y, por lo tanto, lo primero es que nosotros, como líderes, debemos ser muy eficientes.

Quiero que esto quede clarísimo: **el *coaching* no es supervisión**. Recordemos que supervisar es básicamente facilitar el trabajo para que los miembros del equipo logren sus objetivos. El líder es un facilitador. La diferencia con el *coaching* es muy marcada. Hoy en día, el teletrabajo implica condiciones cambiantes. Por eso, es necesario dar seguimiento a los equipos, pero, sobre todo, hay que enseñarle a la gente a trabajar eficientemente desde la pantalla. Ese es el *coaching*.

¿Y cómo le enseñamos eso al equipo? Se pueden tener reuniones con grupos pequeños o individualmente y explicarles algunos puntos importantes para el cumplimiento de los objetivos. Lo anterior desde nuestra experiencia o de acuerdo con las necesidades del departamento o la empresa. Y, al mismo tiempo, se les pueden ofrecer oportunidades para mejorar a través de alguna metodología específica del área que pueda hacer más eficiente su trabajo (*shadowing*, *mentoring*, entre otras miles). Lo importante es que se tiene que hablar: el líder proporciona el *coaching*, no solo supervisa. El líder revisa el desempeño, pero ayuda a que se desarrollen las capacidades para crecer y para que sean más eficientes. Esto se hace para que la persona mejore en su trabajo y utilice mejor sus capacidades, no para cumplir con un objetivo particular de la empresa.

Entonces, este *coaching* es esencial y debemos aprender a manejarlo con el equipo, por eso el líder debe tener la sensibilidad para entender la nueva normalidad. Creo yo que, durante la nueva normalidad, los líderes podemos llegar a vivir las mismas problemáticas que la gente a nuestro cargo, por lo tanto, tenemos la experiencia y la capacidad de extrapolar aprendizajes de la situación y compartirlos con los miembros del equipo para poder ayudarlos.

Cuarto pilar: La comunicación

Las fallas de comunicación en las organizaciones son tanto verticales, como horizontales. Para que no haya duda: las verticales son las ascendentes o descendientes, de un miembro del equipo con su líder y viceversa; las horizontales hacen referencia a la comunicación con expertos de otras áreas que apoyan al equipo en proyectos u otras actividades. Hacia cualquier lado que vaya la comunicación, debemos buscar que esta sea eficiente, de lo contrario se va a reflejar en el resultado final del trabajo.

Es muy sencillo: si no te comunicas bien, estás arriesgando tu trabajo. Si te comunicas bien, estás volviéndote muy exitoso.

En principio, como ya lo remarqué en puntos anteriores, hay que tener sensibilidad y asegurarnos de que en la comunicación haya un toque humano, el suficiente para que la comunicación fluya y se perciba empatía hacia las diferentes condiciones de los integrantes del equipo. No es lo mismo evaluar al asistente del departamento, a un joven que está en telemarketing o a alguien de sistemas. Evitemos caer en los estereotipos o sesgos que surgen en las áreas. Por ejemplo, no está bien asumir que Isaac, el de Tecnologías de información (TI), es un nerd introvertido, y que a Verónica de finanzas le gustan los números y, por lo mismo, tiene una forma de ver el mundo muy cuadrada. Con cada persona debemos encontrar el enfoque y ser sensibles. Entender que tal vez Susana viene de un entorno más conservador, que Raquel es una joven muy despierta, activista en pro del medioambiente, y que Joaquín es, a pesar de trabajar en ventas, muy reservado cuando se trata de la familia. Hay muchísimas variables en juego, pero para empezar lo que se tiene que hacer es crear un nivel de confianza suficiente para que pueda establecer una comunicación abierta y transparente. De esta forma, te podrían decir las cosas como están sucediendo. Que no teman decir lo que sienten, aumentar sus errores, comentar sobre sus oportunidades, su visión, sus ansias de conocer el futuro.

Lo primero que hay que hacer para lograr esa confianza es tratarlos como seres humanos, antes que como miembros del equipo. Un líder debe empezar su comunicación conociendo a las personas. Por ejemplo, Juanito es un hombre de 52 años, está casado, tiene una hija también casada con una bebé. Todos viven juntos. Ese es el contexto en su hogar. Entonces las conversaciones, incluso las más casuales, empiezan preguntándole cómo está él y cómo está Josefina, su esposa. Después le preguntamos sobre su hija y sobre la nieta. De inmediato, con esas preguntas tan sencillas, el ambiente cambia. Demostrar interés de esa manera, abre a las personas. Da pauta para una comunicación más eficiente porque las personas se dan cuenta que se les considera seres humanos y no herramientas para lograr objetivos. Al mismo tiempo, esto funciona igual sin importar el flujo de la comunicación, es decir, si es vertical u horizontal.

El segundo paso es entender el contexto de las personas. Más allá del interés que mostramos por ellos, como líderes debemos adaptarnos a dichos contextos. El caso de una mujer joven que está en la empresa haciendo sus prácticas y que no tiene experiencia, es muy diferente al de Juanito, que ya es abuelo y está pensando en la jubilación. Sus condiciones son muy distintas y el acercamiento con ellos debe ser, forzosamente, diferente. La habilidad del líder para adaptar su discurso dependiendo de la situación del miembro del equipo, es crucial. De hecho, es uno de los principios generales de la comunicación. Está el emisor, el mensaje y el receptor. Pero alrededor está el código o lenguaje, y el contexto. Entonces, el emisor tiene que adaptar el lenguaje para adaptarse al contexto del receptor del mensaje. En otras palabras, debemos utilizar las palabras correctas, las más sencillas, directas y fáciles de entender para todos los involucrados en el acto de comunicación.

Con Juanito, por su contexto, no será lo más adecuado felicitarlo por un trabajo bien hecho diciéndole que el reporte quedó chidísimo, incluso si esa palabra la usamos nosotros en lo cotidiano. La expectativa de Juanito es diferente y esa palabra puede resultar hasta insultante, como si no respetáramos su trabajo. Quizá tampoco sería adecuado usarla con Andrea, la practicante, pero el contexto sí se prestaría para hablar, por ejemplo, sobre tendencias de Instagram o de TikTok, siempre que sean relevantes contextualmente. Y quién sabe, es posible que Juanito un *TikToker* famoso. Las redes sociales, para bien o para mal, democratizan las expectativas y dan un poder único para diversificar nuestras expresiones humanas. Solo con una adaptación al contexto de las personas se puede lograr una comunicación eficiente en dos vías.

Al trabajar de forma remota, detrás de una pantalla, la accesibilidad también es un factor para la comunicación. Si como líder recibes un WhatsApp y no puedes atenderlo en ese momento, es indispensable contestar: ya vi tu mensaje, estoy ocupado (o estoy con mi jefe o lo que te impida contestar en el momento), me reporto contigo más tarde. Pero es importante que las personas del equipo sepan que las escuchas. Las personas que se sienten escuchadas, se sienten respaldadas. Y, en consecuencia, trabajan mejor y logran sus metas. Este es un estándar de comunicación muy clásico, pero que desde la pantalla debemos ejecutar como líderes con mucha precisión. Mi recomendación es que, a falta de la cercanía física, el abrazo, la palmada en la espalda, lo que sea, procuremos que en cada reunión o intercambio busquemos una comunicación más profunda. ¿Cómo te sientes hoy? Por acá hace frío, ¿allá también? ¿En tu casa están bien? Que se abriguen tus hijos. Esos factores, que pueden parecer irrelevantes, son los detalles más finos y sutiles para alcanzar la motivación de los integrantes del equipo, para poder dar un seguimiento correcto, para que el *coaching* se reciba de la forma adecuada. El sentido humano es transversal, el eje, en todos los procesos comunicativos.

2. EL BUZÓN DE TRANSPARENCIA

En este capítulo quiero dar a conocer cómo las empresas socialmente responsables (ESR) deben desarrollar herramientas y procesos para que el personal se sienta en confianza y logre su desarrollo profesional. Desde mi punto de vista, lo más importante para lograr esta confianza es que tengan la capacidad de expresarse libremente. En otras palabras, la empresa debe ser responsable de crear un ambiente donde se integre la diversidad, se elimine la violencia laboral, el acoso laboral y sexual, entre cualquier otro factor o situación que, de alguna forma, limite el desarrollo del personal. Una ESR debe tener las políticas y los procesos para administrar este tipo de problemas, cuando lleguen a presentarse, para brindar a la gente libre expresión en un marco laboral correcto bajo la ley, pero donde se sientan con la capacidad de expresar inconformidades y, en este caso, hacer denuncias o señalar situaciones que vayan en contra de la ética de la empresa o que violenten las políticas de la compañía. Esto de crear confianza puede sonar, en un inicio, a intentar vivir en un mundo ideal. O tal vez, al contrario, a la creación de un pandemonio. Nada de eso. ¿Cómo podemos darles a los empleados esta oportunidad para expresarse? A través del buzón de transparencia.

Para que el personal pueda realizar denuncias sobre cuestiones éticas y de políticas de la compañía es importante contemplar una metodología, de lo contrario es fácil cometer errores costosos. El buzón de transparencia, como herramienta, aporta de forma intrínseca esta metodología. Entonces, a tomar nota.

El comité de ética

Lo primero que debemos hacer como empresa es integrar un comité de ética, también llamado de políticas o de buzón de transparencia, para que analice los casos a investigar. ¿Cómo se integra el comité? Con integrantes de alto nivel de la empresa, asegurando que existan representantes de todas las áreas. Por lo tanto, los miembros del comité deberán pertenecer, de inicio, a la dirección general, es decir, la figura del director o la directora general es central al comité. También son indispensables los directores de recursos humanos y de seguridad patrimonial, ya veremos más adelante por qué. Luego debemos considerar las direcciones de asuntos corporativos, legal, finanzas y operaciones, como mínimo. Estas áreas siempre deben estar representadas, lo que nos indica que debe haber por lo menos siete personas en el comité, para que en una sesión donde se vote o se realicen decisiones trascendentes, pueda haber una mayoría de por lo menos cuatro. Estas personas serán quienes realicen las evaluaciones y consideren las denuncias, las cuales podrán ser hechas por empleados, clientes, proveedores y todos quienes están relacionados con la compañía. También puede haber en el comité invitados específicos de otras áreas, dependiendo de la situación que se haya denunciado.

Por otro lado, es importante que el comité trabaje bajo

ciertas políticas internas. La primera de estas debe ser el apego a la ley y a las políticas de la empresa. Luego, conviene establecer la periodicidad de las reuniones y las características de los reportes mensuales, bimestrales y trimestrales, según sea el caso y la necesidad. Las reuniones del comité, además, deben ser para el seguimiento a las investigaciones de las denuncias. En algunos casos, el comité deberá apoyarse en asesores externos, investigadores especializados, principalmente cuando al realizar una investigación, alguien del comité sienta vulnerabilidad o que su integridad física está en riesgo. Nunca hay que dudar en llamar a investigadores expertos en seguridad pues, como veremos más adelante, el apoyo externo puede ser determinante en algunos tipos de investigaciones.

Ya sabemos cómo integrar un comité y algunas de sus políticas internas esenciales. Veamos ahora algunas situaciones específicas que pueden surgir con los miembros durante las investigaciones.

¿Qué sucede si un integrante del comité pertenece a un área que está bajo investigación? Será imprescindible, en esos casos, hacer temporalmente a un lado a esa persona para asegurar que las decisiones del comité sean objetivas. En otras palabras, aprovechando la metáfora deportiva, ese jugador debe quedarse en la banca mientras el resto del equipo está en la cancha. Es fácil entender el conflicto de interés que se presentaría si el área financiera, por ejemplo, estuviera bajo investigación y el director de finanzas fuera el encargado de realizar entrevistas con su gente. Al excluirlo temporalmente se evita que haya un evento en el que vaya a ser juez y parte, o se genere un sesgo motivado por una cuestión sentimental o de aprecio por alguna persona.

El comité es un equipo y, como tal, las decisiones sobre

los castigos derivados de una investigación se deben tomar en conjunto. Llegar a un consenso unánime es valioso, sin embargo, en casos de discrepancia, se pueden hacer votaciones para encontrar una mayoría. Lo que no es negociable es la eficacia colaborativa del comité, es decir, la fórmula de la investigación, las acciones a tomar, los castigos a ejecutar y otras decisiones, se deben de acordar como equipo para, posteriormente, presentar los resultados de las investigaciones en un frente unido. Relacionado con la comunicación, otra responsabilidad del comité de buzón de transparencia será informar a todos los miembros del área involucrada que están bajo investigación; es parte de la transparencia que está en juego.

El comité debe tener un líder, y siempre deberá ser el director general, gerente general o la persona con mayor jerarquía dentro de la empresa. Para definir a los líderes operativos de cada investigación, se tomará en cuenta la experiencia y el conocimiento técnico del área involucrada en las denuncias. Estos serán casi siempre miembros del comité o invitados especiales quienes, por el conocimiento o perspectiva que pueden aportar, son relevantes o indispensables para la evaluación del caso. En todo caso, la decisión sobre la designación de los líderes operativos se basa en la capacidad que tengan para tomar buenas decisiones. De la misma forma, el comité será responsable de señalar a los entrevistadores e investigadores de cada caso, que pueden ser personas de la misma empresa, casi siempre del área de seguridad, recursos humanos o los mismos directores. Más adelante mencionaré la capacitación sugerida que deben tener estas personas. Por ahora, es importante saber que estos se irán turnando, dependiendo del caso, porque aquí se necesitarán personas especialistas, gente que conozca con profundidad los temas pertinentes a la investigación, pero buscando evitar cualquier conflicto de interés.

El área de seguridad siempre va a permanecer involucrada, a menos de que el área de seguridad sea la investigada. De lo contrario, su presencia constante debe darse por sentada. Ellos deben tener conocimientos de cómo proceder en una investigación y sobre cómo manejar información confidencial, pues debe tratarse con la discreción necesaria en este tipo de eventos.

Cuando el área de seguridad es investigada, como en el caso de excepción que señalé antes, automáticamente la investigación deberá pasarse a un externo, asimismo cuando la sospecha máxima recaiga en un miembro del equipo directivo. No se vale que los miembros del comité, que son directores, evalúen denuncias donde las acusaciones son contra otro directivo o contra el área de seguridad. En ese caso, la ayuda del personal externo de investigación es vital. Esta es una regla definitiva, hay que seguirla para mantener la integridad del comité.

Otra variable es que durante las investigaciones de denuncias realizadas a través del buzón de transparencia se deben considerar líneas de tiempo, tanto para la investigación como para fijar un veredicto y la definición de las acciones a tomar. No sería una práctica eficiente si empezáramos a investigar y seis meses después se diera término al caso. Al contrario, la acción del comité debe ser rápida, lo más rápida posible para que haya definiciones y cierre. Quizá la consecuencia más importante de fallar en este punto, el de la rapidez, consista en que se proyecta inoperancia y esto puede impactar la credibilidad del comité y del buzón de transparencia como herramienta. Imagínense: alguien pone una denuncia buscando transparentar las cosas, pero el comité tarda quince días en sesionar. Luego, la investigación se prolonga por dos meses. Después transcurren dos semanas hasta la primera reunión de definiciones y resulta que, como no hay acuerdo, deciden agendar otra junta para la próxima semana, pero uno de los directores no va a estar, entonces la junta se posterga para dentro de un mes cuando, por fin, todos los miembros coincidan... Pasan cuatro, cinco o seis meses y no hay resultados. El asunto ya pasó, quedó olvidado y, quizás, hasta han surgido otros problemas más graves. Los empleados, proveedores o quienes haya hecho la denuncia empezarán a decir que el buzón no sirve para nada. Quienes escuchen decidirán mejor no presentar denuncias o, incluso, renunciar porque unos están robando, por decir un ejemplo, y parece que a nadie le importa y nadie hace nada al respecto. Por lo anterior, es importante respetar las líneas temporales establecidas desde la primera reunión. También, caso contrario, habría que cuidar que los cronogramas propuestos sean realistas. Y para cumplir con los tiempos, se debe aprovechar la tecnología. Por ejemplo, en vez de sesionar de manera presencial, se puede tener una videoconferencia para definir los lineamientos para conocer con detalle una denuncia o para revisar la información obtenida de una entrevista, entre otros. En resumen, hay que hacer todo lo posible para que la credibilidad del comité y de la eficacia de la herramienta no se ponga en tela juicio, de lo contrario el esfuerzo habrá sido en vano y, sobre todo, el objetivo inicial de que el personal logre su desarrollo profesional en un ambiente de confianza no será alcanzado.

A continuación, profundicemos en el tema de la confidencialidad, que está íntimamente ligado con la ética.

Las investigaciones, por la naturaleza de su función, deben manejarse con un alto nivel de confidencialidad. No es permisible el filtrado de información en ninguno de los niveles, por lo tanto, deben tomarse ciertas medidas. Vamos a suponer que hay una denuncia donde una persona acusa a un empleado del área financiera (es la segunda vez que uso el área de finanzas para mis ejemplos, pero no es personal), por una sospecha de fraude. Entonces empezamos a solicitar información, facturas y demás documentos al departamento correspondiente. Si a alguien de los involucrados se le ocurriera divulgar esto, la investigación estaría iniciando con el pie izquierdo. "Oye, Nicanor, me están pidiendo estos datos porque parece que hubo una situación con tal y tal proveedor..." Muy mal. Todos los involucrados de alguna manera en la investigación deben estar perfectamente advertidos que si algo se filtra van a tener un castigo tremendo. Sonará paradójico, pero la transparencia implica, precisamente, un alto nivel de confidencialidad para permitir una investigación transparente. Filtrar información puede alterar los resultados o traer consecuencias críticas para la eficacia del proceso. ¿Cuál es la solución? Se debe realizar un pronunciamiento específico con la gente de finanzas, continuando con el ejemplo anterior, para que estén al tanto de la situación. El mensaje no debe diluirse, sino que deberá quedar claro: "Si algo sale de aquí, vamos a investigar quién de ustedes fue el que filtró la información y el castigo será la pena capital, o sea la terminación de contrato". No es una amenaza, pero sí es una amenaza. No vale la pena arriesgarse. Hay quienes, por desconocimiento, falta de capacidad o una personalidad muy pobre en un sentido ético, puedan perforar esta red de confidencialidad y eviten la transparencia de la investigación.

Por otro lado, las juntas de investigación deben realizarse fuera de la oficina. Si no de forma presencial, entonces en una situación moderna donde se favorezca la flexibilidad para encontrar un método híbrido entre presencial y *home office*, es decir, por conferencia desde la pantalla. Incluso se podría dar prioridad a estas reuniones remotas para no exponer la investigación. En el pasado reciente, aunque a veces suene como parte de un pasado antiguo, las juntas se hacían en una sala de juntas. Y cuando no se podía recurrir a escenarios de *home office*, como a los que ahora estamos acostumbrados, las juntas se hacían afuera, en un café, por ejemplo, o en la sala de un hotel, y fuera de horarios de trabajo. El punto es que esto se hace para resguardar la información, además de que se ayuda a proteger la identidad de los investigadores de campo y, si es el caso, de la empresa externa investigadora.

En mi experiencia, me ha tocado ser testigo de infinidad de este estilo de reuniones en cafeterías o restaurantes. Estoy comiendo tranquilamente en un Sanborns, digamos, y alcanzo a escuchar comentarios detrás de mí que me hacen entender que el comité de políticas de una empresa está sesionando. Esto obliga también la reflexión acerca de la discreción de estas sesiones cuando se llevan a cabo en un lugar público. Porque, ojo, ya dejamos claro que las denuncias no siempre van a ser en contra de empleados, pueden ser contra proveedores o clientes, y la materia de la denuncia puede ser de naturaleza muy delicada, como corrupción, lavado de dinero, entre otras cosas. Imagínense. ¡Si yo les contara!

Otro punto que debemos considerar es que el gasto que se ejerce para la investigación debe correr a cargo del área investigada, porque se trata de una mala administración del área en cuestión. Si se investiga al área de finanzas y contratamos a un investigador externo, al momento de pagar por sus servicios, esto va a ser en perjuicio de presupuesto del área financiera. Ni modo. Si lo tenía contemplado o no lo tenía contemplado en el presupuesto anual, eso es otra cosa. Pero tiene que cargar con ese muerto, como se dice por ahí, casi siempre metafóricamente. En algunos casos particulares, la dirección general puede absorber el gasto, si se considera apropiado. Sin embargo, ahora ya lo saben, cada área deberá presupuestar siempre un renglón específico dedicado al comité de ética, para cubrir lo necesario de las investigaciones, reuniones externas, entre otros.

Investigaciones y entrevistas
Lo primero es recordar que esto es un trabajo en equipo. Por eso, el líder operativo de una investigación en particular deberá coordinarse con el área seguridad y con la persona de RH para que el plan y la operatividad de la investigación sean los correctos. En conjunto realizarán la línea de tiempo para presentarla al resto del comité de ética, de políticas o de buzón de transparencia, como hayan decidido llamarle, para ser aprobada e iniciar la investigación. No se puede investigar así nada más por sentimiento o, como se dice a veces, con el estómago o con la tripa. Las investigaciones no se empiezan a partir de un instinto visceral, sino que parten de un análisis previo para comprender cuál es la situación y si la denuncia debe proceder. Esto lo debe hacer el líder operativo con seguridad y recursos humanos, y para procurar la eficacia y la agilidad, la aprobación del proceder puede hacerse hasta de manera electrónica. Se explica concretamente el panorama en un Google Forms o herramienta equivalente, se pregunta si están de acuerdo y se are una caja de texto para comentarios. Por esta razón, el área de sistemas o TI debe ser advertida de la confidencialidad de la información que circula por ahí. Conviene, incluso, que esta información sea respaldada en los archivos de la empresa. El caso es que debe ser perfectamente guardada. En mi experiencia, las áreas de sistemas siempre han sido muy

competentes y, sobre todo, confiables. Entonces, si en el contexto de la nueva normalidad es posible utilizar la tecnología para agilizar los procesos, debe aprovecharse. No está de más recordarlo ahora, la oportunidad y el tiempo son factores vitales para la trascendencia y la continuidad del buzón de transparencia.

Luego, para obtener evidencias, necesitamos realizar entrevistas, y a la primera persona a quien debemos buscar es al denunciante. Si la denuncia es anónima, pero dice soy un empleado del área de Tráfico y transporte, o soy proveedor de la compañía desde hace cinco años, o estoy trabajando para la planta de tal ciudad, ahí lo que sucede es que estamos tratando con alguien anónimo de nombre, pero que debe estar dispuesto a tener una reunión. Ahora, en la nueva normalidad desde la pantalla, incluso se pueden realizar las entrevistas sin activar la cámara y sin desplegar el nombre en la pantalla. O, simplemente, hacerla a través del viejo y confiable teléfono. Pero es importante que siempre se haga la entrevista con el denunciante. ¿Qué pasa si el temor de dar la cara es muy grande y rechaza incluso esas opciones? Como veremos más adelante, los sistemas de buzón de transparencia permiten recolectar información del denunciante, ya sea el correo electrónico o teléfono, y quizás sea posible enviarle una invitación por ahí para que colabore con descripciones adicionales, pistas, evidencias, entre otros. Pero sí es importante contar con ese canal de comunicación para obtener información más detallada, pues en la denuncia de hechos la información suele ser limitada. Y empezamos por ahí.

En el caso de denunciantes externos como proveedores o clientes, van a ser contactados y entrevistados, por lo general, por el director del área involucrada, aunque no sea miembro del comité. Dejemos descansar al área de finanzas por un momento y digamos ahora que se hace una denuncia en contra del área de ventas, sobre la autorización de contratos que están sobre pagados, o que se firmaron contratos para servicios que, en realidad, el proveedor no va a hacer. Pero digamos también que el proveedor o cliente, a veces sucederá, no tiene confianza con el director de área. Un cliente dirá: "Yo no quiero que involucren al director de ventas, no voy a hablar nada frente a él porque pienso que él sabe, que él tolera o él está involucrado en este problema". Entonces se designa a alguien más, pero cuando no es así y existe confianza y credibilidad, el director de esa área tiene que, al menos, estar presente en la entrevista, en el contacto. Aunque no sea miembro del comité se le invita a participar, sobre todo con los denunciantes externos. Es importante utilizar los caminos en los cuales puede haber confianza. Quiero pensar que normalmente hay confianza con el director de área y por eso se le debe involucrar, para que aporte su experiencia y experticia.

Ahora, sobre las entrevistas a los denunciados. Primero, entendamos que no todas las personas que integran el comité son buenos entrevistadores. Por eso se deben de tener dos cosas principalmente. Número uno: la asesoría de profesional de la entrevista, es decir, interrogadores profesionales. Y número dos: capacitación en entrevista profunda, a veces también llamada entrevista personal, y una en interrogatorio no confrontacional. Se puede asumir que el abogado, la directora jurídica, gente del área legal, serían los indicados para hacer la entrevista por su conocimiento de las leyes. Y si se ha quebrado una ley, entonces ellos deben entrar al quite. En principio sí, pero no. Para empezar, la gente le tiene miedo a los abogados. Lo que sucede con frecuencia es que la persona entrevistada se cierra y no habla porque creerá, como hemos escuchado tantas veces en series y películas, que cualquier cosa que diga podrá ser usada en su contra. Pero si hay buena relación o es necesario enviar a un abogado a realizar la entrevista, que sea porque existe una buena relación con el denunciante. Sin embargo, esto no quitará la necesidad de enviar también a alguien especialista, ya sea la persona de RH, de la empresa externa o quien sea, para asegurar que se obtenga más información. Yo he tenido la experiencia donde un miembro del comité realiza una investigación del buzón de transparencia y, como ya se imaginarán, utilizan como experiencia las películas policiacas que todos hemos visto. Y, sin exagerar, las preguntas eran algo así: "A ver, ¿qué hiciste la tarde del 24 de julio? ¿En dónde y con quién estabas a las ocho de la noche? ¿Cuál es tu coartada? ¿Puedes garantizar que no estabas en el lugar donde se cometió el delito?" Aunque suene divertido ser esa persona, porque tiempo después resultará en una anécdota interesante, esas no son el tipo de preguntas que nos interesan, porque la respuesta general a ese tipo de cuestionamiento es establecer un cerco, una cerrazón y no dar información. Lo que buscamos es todo lo contrario: queremos crear un interrogatorio no confrontacional, es decir, no confrontar a la persona denunciada, sino más bien explicar que todos cometemos errores, que todos alguna vez, por alguna situación u otra, hemos roto una ley o una política, y que se ha hecho bajo ciertas circunstancias y condiciones donde se tenía que hacer así, por el mal diseño de la política o porque en ese momento era necesario actuar de cierta forma para obtener un resultado. En otras palabras, se genera empatía con el entrevistado, hay una identificación: "Yo te entiendo, yo he actuado así. A ver, explícame a mí, que te entiendo, ¿cuál fue el problema? ¿Qué fue lo que hiciste, por qué te metiste en esta situación? Yo hubiera hecho lo mismo". Al final, esto es usar el entrenamiento para saber exactamente cómo llegar a la verdad.

Si el comité de buzón de transparencia perdura a través del tiempo, conviene también realizar entrenamiento en lenguaje no verbal, lenguaje corporal y de microgestos, entre otros relacionados. Son un apoyo muy valioso para estas entrevistas y, en general, para realizar las investigaciones. Se los digo por experiencia, vale mucho la pena para las empresas invertir en esto. En más de una ocasión, un actuar inteligente, de acuerdo con los conocimientos aprendidos en este tipo de capacitaciones, me sirvieron para ahorrarle millones de dólares a diferentes empresas.

A propósito de lo anterior, lo deseable es que las entrevistas se hagan de manera presencial y con al menos un testigo representando al comité. Esto porque, en personal, la lectura del contexto no verbal complementa la información verbal. Es probable que en una videollamada por Zoom, o la plataforma que esté de moda, no veamos las manos de la persona entrevista. No veamos cómo las mueve o que dejan una capa de sudor sobre la superficie de la mesa cuando las levanta después de estar presionándolas ahí con intensidad. Tampoco veremos movimientos u otros signos que denoten nerviosismo, como la voz, que por fallas en el audio o el tipo de micrófono utilizado no permitan captar cierto tono o vibración reveladora. El lenguaje no verbal es un elemento significativo. Entonces, aunque en una situación de emergencia sanitaria se tengan que realizar adecuaciones, siempre deberá preferirse una entrevista presencial. Sin embargo, hacerla por video también tiene ventajas intrínsecas. Es más sencillo grabar la sesión, sin la posible intimidación al entrevistado por tener una cámara externa ahí presente. Estas grabaciones sirven para después hacer un análisis detallado. Y si la persona no está de acuerdo con grabar en video, ya sea de forma virtual o presencial, al menos tener el registro en audio será muy valioso para los investigadores y para el comité al momento de la toma de decisiones más adelante en el proceso.

La comunicación y los castigos

Una vez recabada la información de las entrevistas y otros materiales trascendentes para la investigación (facturas, comunicados, videos, fotografías y un largo etcétera), el comité definirá los pasos a seguir. Entre lo primero suele estar la planeación de la comunicación para informar sobre el resultado de la investigación. De inicio, debe fijarse el alcance de la comunicación. Por ejemplo, si se comunicará solamente a cierta área o departamento, a la planta entera, a toda la empresa, a los grupos de interés o al público en general, es decir, ¿hasta qué nivel subirá o bajará la comunicación en cuanto a los hechos, la denuncia y las consecuencias o decisiones que se tomarán a partir de lo investigado? Además, deben definirse el tono y la cantidad de la información por compartir. Esto es en extremo relevante porque crear buenos precedentes en la comunicación puede ayudar mucho a las denuncias e investigaciones futuras. También aumenta la credibilidad del comité, que adquiere la experiencia necesaria para valorar algunos aspectos a la hora de responder a los denunciantes y, de esta forma, crear verdaderamente una transparencia en la empresa. Se violó tal política, lo que sucedió fue esto, y no queremos que se repita por lo que vamos a introducir programas de corrección para evitar incidentes futuros. O tal vez se omite el relato de lo sucedido para proteger cierta información o identidades. Es responsabilidad del comité decidir hasta dónde llegar con la divulgación de los hechos, pensando siempre en sentar buenos precedentes para avanzar hacia el objetivo principal del buzón, que es la confianza de la gente asociada a la empresa y permitirles lograr un desarrollo profesional.

Cuando se comunica el resultado a todos los involucrados, desde el denunciante hasta los denunciados y el resto de la institución, si eso es lo que decide el comité, es necesario pensar en cómo se va a recibir el mensaje. Es decir, esta comunicación debe configurarse pensando en cómo lo va a recibir la comunidad. Porque supongamos que el comité dijera algo similar a esto: se realizó la investigación, esto fue lo que pasó, pero estamos en una situación crítica, porque la persona que cometió el delito era más o menos nueva en la empresa y el jefe dice que siempre había sido responsable, nunca le había fallado, entonces le vamos a dar una oportunidad. La situación es muy delicada porque se sienta un precedente y cuando la gente se entere podría decir: yo también soy más o menos nuevo, yo también he sido buen trabajador y mi jefe no tiene quejas de mí, entonces yo también puedo hacer lo que sea y no voy a tener un castigo. Sobra decir, entonces, que la decisión final del comité en cuanto a la comunicación y, claro, en cuanto a los castigos que se imponen serán críticas para conseguir el objetivo del comité.

En otras palabras, la comunicación implica planeación y se debe de ejecutar de manera perfecta. Un solo error, por ejemplo, una sola palabra que esté fuera de lugar, una coma mal posicionada, una omisión importante que genere dudas sobre la transparencia, podría darle un traspié tremendo al comité y, por supuesto, a la reputación de la empresa. Se pudo haber llevado de magnífica forma todo el proceso de entrevistas, de recolección de evidencia y constatar sin fallos que la violación a las políticas de la empresa en efecto ocurrió como lo decía la denuncia, pero todo se puede echar a perder en la comunicación final, en ese párrafo, cuartilla o cualquier otra extensión. Se requiere de toda la madurez, tacto, diversidad y experiencia que puedan aportar los miembros del comité para cuidar los detalles de este paso final.

No quiero cerrar este tema de la comunicación sin antes describir incluso con más profundidad, otros detalles importantes. El comité deberá definir quién va a hacer la comunicación: ¿es suficientemente importante el tema para que el mensaje se emita desde la dirección general o tendrá impacto y credibilidad suficiente si lo firma el director del área involucrada? Otro punto es cómo se emitirá la comunicación. ¿Por correo electrónico? ¿Por la intranet de la empresa? ¿En un video corto en las redes sociales de la compañía? ¿En un desplegado en los medios? Depende del alcance y de la trascendencia del caso. Digamos que se deciden por un correo electrónico: ¿desde qué cuenta se envía? La redacción tendrá que ser cuidada, se debe planificar concienzudamente el texto. Se deberán utilizar palabras que incluyan los valores de la compañía para que la gente sienta que es una respuesta propia de la empresa, es decir, utilizas las palabras que se utilizan en la casa, o sea en la empresa, considerando a la empresa como una familia, lo más íntimo, lo más personal, lo que tiene más valor en la vida.

Ahora, ya se seleccionó a quién enviar la comunicación, se seleccionaron los textos y el medio. Si, por ejemplo, se va a invitar a toda la planta o a los sindicatos para que escuchen un comunicado, como será en vivo, también habría que planear el escenario, el vestuario, la iluminación, la seguridad, la fecha y el horario. En cuanto a la fecha y el horario, no es lo mismo enviar una comunicación el viernes a las cinco de la tarde, que enviarlo el lunes en la mañana. El viernes en la tarde poca gente lo verá, se atraviesa el viernes de futbol, el sábado de flojera y el domingo familiar. Para el lunes ya nadie se va a acordar y los trabajadores tendrán otros pendientes. Si la comunicación se publica el lunes por la mañana, al contrario, la gente lo comentará en los pasillos y oficinas. La buena comunicación se refrendará. "Qué bueno, mira lo que hizo la empresa, tomó cartas en el asunto, qué bien que habrá castigo para los culpables". Y le das a la gente toda la semana para comentarlo. Eso no significa que no haya valor en comunicar algo un viernes. Tal vez si es un asunto delicado y quieres que se maneje en cierto nivel, que la gente no profundice tanto, pero se debe cumplir con el requisito de comunicar, entonces el viernes en la tarde podría ser el mejor horario. En fin, creo que ha quedado claro: la comunicación requiere planeación extrema y basta con una reunión de quince minutos.

Ahora sobre los castigos. Estos pueden y se definen caso a caso, pero no es mi intención profundizar sobre ese tema en este capítulo, sino orientarlo al buzón de transparencia. Después de que ha sido definido un castigo, es común que haya una contradenuncia, por llamarla de alguna manera. Es decir, se llegó a una resolución, pero el demandante no quedó satisfecho con el resultado, entonces emite una segunda denuncia. Un ejemplo que sucede con frecuencia es cuando la denuncia era para un grupo de cinco individuos y el castigo solo se aplicó a una o dos personas de ese grupo. Aquí es donde entra el seguimiento y monitoreo. Es una especie de investigación continua, de supervisión, para asegurarse de que la decisión tomada fue la más acertada. También hay que considerar que no todas las investigaciones, a fin de cuentas, determinan que la denuncia haya sido real. Por ejemplo, un proveedor señala que se le asignan contratos por favoritismo a otro proveedor. Entonces al hacer la investigación, nos damos cuenta de que ese proveedor supuestamente favorecido ha hecho un excelente trabajo. Maneja todas las políticas de la empresa, cumple con los estándares de seguridad, tiene todas las certificaciones, distintivos y todavía más de los requeridos. Es verdaderamente ejemplar y por eso obtiene muchos contratos. La denuncia, en este ejemplo, fue hecha por un proveedor que antes tenía algunos contratos, pero como llegó un proveedor Premium, Triple A, Cinco estrellas, lo borró del mapa. La denuncia se hizo en contra del gerente de compras, porque el proveedor cree que es un desgraciado que ya no autoriza contratos y lo denuncia, en su mente, para que se lo frieguen. Este tipo de situaciones sin duda suceden y el comité de políticas puede simplemente decir que se va a monitorear la asignación de contratos con mayor cuidado, hasta que los ánimos se calmen. Con frecuencia hasta ahí termina el asunto porque, claramente, la denuncia era falsa y se hizo con la intención de venganza. O, también sucede, resulta que el gerente de mantenimiento sí estaba dando contratos a cierta empresa porque era del cuñado o del compadre, y el 20% del pago iba a ser para el gerente. Ese sería un claro caso de corrupción, debe quedar establecido a cabalidad durante la investigación y debe ser castigado por el comité.

En resumen, los castigos correctos dependen de una investigación exitosa, que despeje las incertidumbres más relevantes de la denuncia. Por último, si las investigaciones son demasiado complejas y el comité no se siente capaz de llevarlas a cabo, mi recomendación siempre va a ser buscar a un externo, a un experto de una compañía de seguridad e investigación que los guía para montar y entrenar al equipo del buzón de transparencia.

El buzón

Para cerrar este capítulo, hablemos del buzón en sí. Para empezar, el buzón no es una cajita blanca con un bloc de notas afuera de una oficina. Quizás en la antigüedad era así, pero ya no. Se trata de un software especializado, casi siempre vía web. Hay empresas que se dedican exclusivamente a la instalación de buzones de transparencia. Venden el software y es accesible a través de algún sitio web para empleados y proveedores. Al ingresar, se llena un formulario donde se solicita la información básica del denunciante y la explicación del problema. Estas compañías especializadas también pueden entrenar al área de sistemas para crear un correo que envíe copias a la gente del comité. En todo caso, se instala y se brinda el acceso a empleados y grupos de interés a partir de una serie de situaciones de tecnología que permiten hacer una denuncia a un externo o a alguien dentro de la compañía, sin exponerse. También se pueden habilitar líneas telefónicas donde se promueve la política del buzón para que la gente dentro de la empresa sepa que en ese número o dirección de correo se pueden realizar denuncias de situaciones que rompen con la ética y políticas de la compañía.

A fin de cuentas, el buzón de transparencia es un sistema que va a transparentar las denuncias y va a dar voz y libertad a los empleados. Asimismo, impacta la responsabilidad social positivamente, crea sentido de pertenencia, aumenta la credibilidad de la empresa, además de que sirve para brindar un ambiente seguro de crecimiento profesional y personal a los trabajadores.

En el siguiente capítulo, abordaremos el tema de la diversidad e inclusión en la empresa, que representa una de las políticas esenciales para cualquier empresa moderna en la nueva normalidad.

3. DIVERSIDAD E INCLUSIÓN

La diversidad y la inclusión cobran cada vez más relevancia conforme se va transformando el mundo laboral. Hoy en día, la persona, el individuo, se ha convertido en el centro de las organizaciones. Ahora se entiende su rol fundamental: es quien produce, innova y logra los resultados. Por lo tanto, es la figura central y la parte más importante de la compañía.

No olvidemos lo anterior conforme avanzamos. Pero antes de seguir, debemos tener claro que la diversidad y la inclusión son diferentes. Y también, debemos considerar que, hasta hace algunos años, hablar de diversidad e inclusión en un país como México era casi absurdo. Eran temas que no se tomaban con la seriedad ni la importancia que hoy tienen en el entorno global en el que se manejan los negocios en México. En otras palabras, cada vez más los puestos directivos de las empresas se están dando cuenta de cómo estos dos conceptos representan una situación de ganar-ganar para la sociedad.

Este cambio gradual va de la mano con el cambio de la definición de éxito que ya vemos en universidades y organizaciones de alto nivel. Antes lo que se buscaba era nada más un resultado para la compañía, pero hoy, además, hay una preocupación por cómo y a través de qué contexto se logra. El ámbito social en las empresas, en general, se ha vuelto más trascendente por el impacto que se puede llegar a tener en la sociedad; casi como si las empresas empezaran a pensar que con sus acciones pueden salvar al mundo. Aunque suene muy romántico, de alguna forma sí están contribuyendo a un cambio positivo. Y ahí es donde entran fuerte tanto la diversidad como la inclusión. Porque una empresa, cualquiera que sea, tiene un impacto en la comunidad donde se desempeña: en el ramo, en la industria, en la localidad. Y la empresa no solo da, sino que también recibe y se nutre de la diversidad de estas comunidades e industrias. Por eso será crucial que las reconozca y, todavía más allá, fomente dicha diversidad para incluirla en las operaciones cotidianas del negocio. Visto de otra manera, la diversidad en sí existe desde ya y siempre ha existido.

En el entorno globalizado que mencionábamos, ya viene de manera intrínseca la diversidad. Echemos un vistazo rápido a una empresa mexicana tradicional: en esta organización trabajan hombres, mujeres, personas de diferentes edades, gente de distintos estados de la república, incluso de otros países, y cada una aporta valores y creencias propias. Y no solo eso, además perciben el mundo con el sesgo dado por su contexto de origen. Todo esto influye en cada palabra que pronuncian, cada acción que realizan y cada decisión que toman. Entonces sí, la diversidad siempre ha existido, pero ahora se resalta como un valor y debe ser considerada como una ventaja competitiva para la compañía.

Por su parte, la inclusión implica A) reconocer que las capacidades y habilidades de las personas son valiosas por su unicidad, además de B) garantizar el acceso a oportunidades en condiciones de igualdad. Es importante señalar que, muchas veces, las empresas deberán generar esas condiciones de igualdad de manera intencionada, es decir, deberán adaptarse y trabajar para lograr un ambiente equitativo, respetuoso y que integre y beneficie a todas las personas sin distinción.

Ahora bien, ¿de dónde surge ese valor añadido para la empresa? Al fomentar la diversidad y la inclusión, las empresas se aseguran de que están atrayendo y contratando al mejor talento disponible. Esa palabra, talento, es clave al pensar en la transformación de una compañía gracias a la diversidad y la inclusión. Cuando no sucede esto, la empresa tiene limitaciones muy grandes porque discriminan y, en esa cerrazón sin sentido, dejan escapar o, mejor dicho, ni siquiera ven el talento que está tocando a su puerta. **Una organización debe enfocarse en el talento sin importar las variantes de las personas que intervienen en el proceso de logro de resultados.** Si la persona es la mejor, no importa cómo sea, quién sea, de dónde venga o lo que sea. Como empleador, el rango de posibilidad se vuelve enorme y, en consecuencia, es más factible encontrar a un candidato o una candidata con el perfil ideal para cierto puesto. El impacto es, a fin de cuentas, muy positivo en cuanto a atracción de talento.

Existe un concepto llamado dimensiones de la diversidad. Algunos de estos factores son involuntarios, es decir, controlarlos está fuera de nosotros. Los que sí controlamos, por ejemplo, son la afiliación política o ideología, nuestro nivel de estudios, el área laboral en la que queremos trabajar, entre otros. Los que escapan nuestro control son la lengua materna, la nacionalidad, el país o estado de nacimiento y, por supuesto, cuestiones como la etnicidad, raza, color de piel, edad y orientación sexual. Esas características son invariables en la persona, por lo que son dimensiones independientes del talento, que se define y potencializa a partir de las dimensiones que sí controlamos.

Quiero profundizar todavía más en el impacto positivo de la diversidad e inclusión en el negocio. Ya quedó claro que, de no fomentar estos dos valores, perdemos talento potencial que podría incorporarse a nuestras filas. Entonces, considerando lo anterior, la diversidad y la inclusión ascienden a un nivel de imperativo de negocio. En otras palabras, no es opcional en el largo plazo. O una empresa adopta estos valores o estará condenada a la mediocridad. Si la compañía integra esta parte de la responsabilidad social, se estaría convirtiendo en una comunidad con aspiraciones de mejora continua y que sabrá adaptarse a la manera en que se conducen los negocios globales. ¿Por qué? Porque nos permitiría crear lazos con clientes a través de mejores prácticas y valores comunes. Así como hay empresas que hacen auditorías para corroborar que existen ciertos procedimientos que cumplen con los estándares, de igual forma hay empresas que piden a su cadena de valor, a sus proveedores o clientes, que sean diversos e inclusivos. Es un punto a favor de tu empresa, entonces, porque puedes participar con otras compañías globales y crecer.

Otro factor relevante es que la diversidad y la inclusión nos acercan a crear dentro de la empresa un modelo en miniatura de una sociedad. Esto se traduce en que los procesos, los productos y cualquier otro ámbito del negocio puede beneficiarse al contar con puntos de vista amplios y diversos. Puede impactar el branding, el marketing, la salud. La vivencia dentro de la empresa será más global y esto facilita la innovación y el desempeño de los equipos.

Yo creo que este es uno de los puntos más importantes, una cuestión que sirve de estandarte para la diversidad e inclusión: en el día a día el impacto positivo es palpable en el desarrollo profesional y personal de los empleados, lo que se refleja en el logro de objetivos. El que no arriesga, no gana. El que no se transforma, muere. Todas esas frases y dichos en las empresas cobran mucha fuerza por la competencia que se vive dentro de las industrias. Y en la diversidad y la inclusión tenemos vía segura de transformación porque se crea un estado donde la variedad de experiencias de vida que aportan las diferentes personas genera, de manera intrínseca, lo que yo desde hace varios años llamo la **creatividad incluyente**. Este tipo de creatividad surge dentro de las empresas cuando las personas, gracias a los dos valores que estamos explorando en este capítulo, tienen un pensamiento más libre, están más abiertas y receptivas, y en esa apertura florece una creatividad útil y práctica que conduce a la innovación generalizada a lo largo y ancho de la organización.

No lo estoy sobrevendiendo, a pesar de que no dejo de enlistar los beneficios de transformar a una empresa en diversa e incluyente. Yo creo apenas voy a la mitad de la lista de beneficios y me estoy guardando los ejemplos para más adelante. Porque esto no funciona de manera aislada, sino que debe integrar a todos los procesos de forma orgánica.

Otro beneficio es lo que en inglés se llama *ownership*, es decir, el sentido de pertenencia o, en términos más coloquiales, traer la camiseta de la compañía bien puesta. Si ya hablamos de atraer talento, lo que se logra con el sentido de pertenencia es retenerlo. Las personas se sienten comprendidas, en casa, y ven en la empresa un lugar para desarrollar una carrera profesional. Para esto, deben diseñarse estrategias de retención de talento en las que el apoyo sea real para que el dar sea recíproco: ellos dan resultados, mayores esfuerzos, nosotros como líderes les damos algo tangible para que continúen creciendo en la empresa y tengan un mejor desempeño. Estos apoyos reales son, sobre todo, espacios de oportunidad para crecer, expresarse e innovar. Al trabajar en una empresa diversa e inclusiva, las ganas de crecer y de innovar surgirán orgánicamente de la libertad de pensamiento que ya mencioné antes; son parte del paquete. Antes se hacían campañas como estrategia para fomentar la innovación, ahora simplemente con cambiar la cultura organizacional e integrar a todos en el día a día, se genera de forma natural.

Otro beneficio más de ser diversos e inclusivos es que se presentan oportunidades para eliminar la discriminación. No hace mucho me tocó trabajar con una empresa a la que le costó admitir que tenía este problema. Decían: tenemos una plantilla de doscientas personas y treinta son mujeres. El problema era que las treinta mujeres eran empleadas de limpieza. Eso no es brindar oportunidades de igualdad. Eso no es fomentar la inclusión. Y, ojo, la discriminación, en este caso la de género, puede manifestarse en todos los ámbitos de la empresa; es decir, no es solamente una cuestión de cantidad sino de calidad. Esto me sirve como ejemplo para introducir la cuestión de la discriminación y de las minorías, en este caso de las mujeres, que es algo que suele suceder mucho en las empresas y representa una gran área de oportunidad para aprovechar el talento de todas las personas. En particular hablando de las mujeres, más adelante también repasaremos programas de *mentoring* y de evaluación de personal con talento extraordinario exclusivo para mujeres juniors que aún no tienen puestos de supervisión o gerencia, pero que por talento y potencial deben desarrollarse.

En este capítulo debemos ahondar, obligatoriamente, en la discriminación. Hay una instancia de gobierno, la CONAPRED (Consejo Nacional para Prevenir la Discriminación), que se enfoca en la eliminación de cualquier tipo de discriminación. Lo hacen a través de campañas, políticas, entre otras medidas, que buscan construir una sociedad más justa y equitativa para todos. Este tipo de medidas son muy valiosas y las empresas grandes, las globales, son las que principalmente consideran las recomendaciones del organismo. Pero otras, muchas, tal vez la mayoría, no lo hacen. Es muy triste porque existe la instancia oficial para apoyarse en ella y, al no hacerlo, el proceso de transformación social en el país, que hoy en día es inevitable, se vuelve menos eficiente. En otras palabras, las organizaciones que no se adhieren a una cultura de diversidad e inclusión están del lado incorrecto de la Historia y, de paso, como ya vimos, limitan su propio crecimiento.

Es importante conocer el trabajo de la CONAPRED porque realizan encuestas nacionales sobre discriminación que son un termómetro de nuestros avances y oportunidades de mejora. En las siguientes líneas haré referencia a la Encuesta Nacional sobre Discriminación 2017 (ENADIS 2017), realizada por la CONAPRED en conjunto con la Comisión Nacional de los Derechos Humanos, el INEGI, la UNAM y el CONACYT. Dirigiré los resultados hacia el tema de la diversidad e inclusión en las empresas, sin embargo, les recomiendo leer detalladamente los resultados de la encuesta.

Empezaré por uno de los grupos vulnerables considerados en esta encuesta: el de personas mayores, es decir, de sesenta años o más. La segunda causa de discriminación a personas de sesenta o más fue la falta de oportunidades para encontrar trabajo; la primera, la pensión insuficiente. En mi experiencia, en las empresas se considera persona mayor no a los de sesenta o más, sino a otros que, para mí, son jóvenes aún. Me refiero a personas de alrededor de 45 años. A veces incluso alguien de 42 empieza a ser discriminado por viejo. Gente de la Generación X temprana ya deja de ser considerada para proyectos importantes por cuestión de su edad. Los datos indican que, en la actualidad, el grupo más numeroso de personas trabajando en empresas pertenece a la llamada generación Millennial, cuya definición suele incluir a los nacidos entre 1981 y 1996. Según el Pew Research Center, en Estados Unidos ya representan el 35% de todos los empleados, y en México para allá vamos. Estamos en un punto de transición, de una riqueza extraordinaria, que va a durar poco, no más de cinco a diez años, en el que en las organizaciones se vive un ambiente intergeneracional. Conviven los Baby Boomers con personas de la Generación X, Millennials e incluso Centennials, también llamada Generación Z. Los primeros, los Boomers, vamos de salida. Los Centennials recién comienzan a integrarse, quizás apenas realizan sus prácticas universitarias. Es una gama muy amplia de cosmovisiones y talentos. Entonces, de que existe diversidad, existe. Pero todavía va más allá.

Otro grupo que desafortunadamente es discriminado en las organizaciones es, como ya mencionábamos, el de las mujeres, sobre todo cuando representan una minoría en la empresa. Por cuestiones históricas y sociales, la discriminación se ha dado de manera sistémica. El sexismo es parte de un círculo vicioso que se alimenta de ideas nocivas y sesgos en el hogar, en la educación y, finalmente, en el trabajo y otras instancias sociales. Por todo lo anterior, muchas mujeres experimentan la discriminación desde el momento de su contratación. En la encuesta del

CONAPRED de 2017, el 18.3 % de las mujeres afirmó recibir un salario menor con respecto al de un hombre que realiza la misma actividad. Entre otras cifras, el 23.9 % sufrió de violencia a causa de su género, aunque no solamente en el lugar de trabajo, sino en cualquier ámbito de sus vidas.

La discriminación hacia ellas también aumenta en mujeres con menor nivel educativo. Las principales oportunidades de desarrollo son para mujeres con estudios universitarios y de posgrado. Por supuesto, también por cuestiones históricas, sociales y culturales, son menos las mujeres que terminan una carrera con relación a los hombres. Sin embargo, en las empresas inclusivas, afortunadamente, son pocas las preocupaciones de las mujeres pues se sienten valoradas por sus habilidades, conocimientos y competencias. En mi experiencia, las mujeres destacan, además, por sus características personales del género. Es una percepción muy personal, pero en general percibo que las organizaciones donde las mujeres han accedido a puestos de alto nivel son empresas con una visión global más amplia, con una visión más creativa e interesante hacia el futuro y sobre su lugar en la comunidad, la sociedad y el mundo. Por el contrario, las compañías que son notablemente más cerradas a la diversidad, en particular en las que las mujeres son minoría, se quedan estancadas porque no están abiertas a los cambios. La cultura organizacional de estas empresas es muy pobre y se refleja en todos los niveles. Recuerdo una compañía grande donde hasta la fecha hay un director general hombre; cinco directores, dos directoras; treinta gerentes, de los cuales al menos ocho eran mujeres; y después en los puestos medios, dependiendo de los departamentos, casi había una igualdad en cuanto a número de hombres y mujeres. Sin embargo, se tenía la noción errónea de que, por una exigencia física, no debía haber mujeres en la planta. Después de una ampliación, esto cambió, y en las líneas de ensamblaje dirigidas y operadas por una mayoría de mujeres, los resultados solían ser mejores que las de mayoría de hombres. Tras varias encuestas y estudios, encontramos que el nivel de atención de las mujeres era superior al de los hombres. También se concentraban más en alcanzar los objetivos. Claro, esto es un caso de muchos y no es necesariamente representativo, pero estas observaciones coinciden con los estudios y las tendencias globales de diversidad e inclusión, en las que las empresas se benefician al abrir las puertas al talento sin hacer distinciones por sexo o apariencia. Ese montón de nociones erróneas que tantas empresas tienen sobre el trabajo de las mujeres son, al final, concepciones irracionales por sesgos, casi siempre involuntarios, contra los que debemos luchar todos los días.

Vaya, es obvio decirlo, pero debe decirse: las características intrínsecas de hombres y mujeres que nos hacen diferentes, en conjunto, aportan una riqueza fundamental en la toma de decisiones y en la manera que ejecutamos el liderazgo. GMC, HP, IBM, Pepsico, DuPont, Xerox, Campbells, Reynolds American, Nissan, son algunas empresas clave que hoy son lo que son por las mujeres que las han dirigido.

Otras minorías que a través de la historia también han sido ampliamente discriminadas en las empresas y para quienes hoy, en gran medida, la situación apenas ha mejorado, son los migrantes e indígenas. En encuestas anteriores de la CONAPRED, estos grupos aparecían entre los más discriminados. También los no católicos, dado que en México y buena parte de Latinoamérica los países son eminentemente católicos, y las personas que no profesan esta religión son discriminadas desde su contratación.

Luego, al buscar posiciones altas internamente, también son pasadas por alto por sus creencias o, también, falta de creencias religiosas.

Las empresas diversas e inclusivas valoran a todos estos grupos minoritarios y los consideran en la toma de decisiones. Cuentan con programas de diversidad e inclusión que, poco a poco, porque no sucede de un día para otro, los conduce a vivir una cultura institucional donde las personas son exitosas dentro y fuera de la organización. Es más, pueden llegar a valorar tanto estos esfuerzos de inclusividad, que les cambia la vida. Se vuelven personas más seguras de sí mismas dentro de la empresa y eso las lleva a triunfar en materia personal.

Entonces, ¿cómo dar esos primeros pasos o cómo fortalecer los avances que ya se tienen? Primero, el enfoque debe estar en el desarrollo de talento a través del coaching, *mentoring*, capacitación en aulas o en línea, entre otros programas de desarrollo. Retomando la situación de las mujeres, muchas empresas diversas e inclusivas tienen dos programas para atraer y retener talento: uno general y otro exclusivo para mujeres con potencial sobresaliente. Esto con el fin de, verdaderamente, capitalizar en ese talento que históricamente se ha desperdiciado. Y, claro, es ideal que este plan sea liderado por una o más mujeres excepcionales que ya hayan encontrado éxito dentro de la compañía. En las empresas globales, además de directoras generales, hay mujeres destacadísimas que he tenido el honor de conocer y que se desempeñan como gerentes o directoras de Recursos Humanos, también en las áreas de Marketing, Legal, Asuntos corporativos y de sistemas. Marketing incluye también puestos de servicio al cliente e innovación. Estas mujeres, como tantas otras, todos los días abren camino a más debido a su talento y esfuerzo. Pero sigue siendo complicado. Ojalá pronto, no más de diez o quince años, un libro de este estilo hable de esta situación y de la discriminación en general como un asunto pasado, un trago amargo que ha sido superado. Otro grupo vulnerable que también es grande y a veces no destaca tanto en informes sobre discriminación es el de las personas con discapacidad. Aclaro aquí que esta etiqueta de grupo vulnerable en las empresas es nada más una forma de llamarle a los grupos de personas que, en general, son silenciados y discriminados por la sociedad. Esta, después, se extiende a las organizaciones porque las personas que la conforman son parte de esa misma sociedad. Pero sigamos. En un país como el nuestro, con enormes problemas sociales y económicos, acentuados hoy en día con la pandemia de COVID-19, es común perderse del talento que las personas con discapacidad pueden aportar a la empresa. En el plano de la infraestructura, se requiere cierto diseño de los espacios físicos para que algunas personas puedan trabajar, por ejemplo, alguien en silla de ruedas necesita forzosamente rampas adecuadas, pasillos amplios, entre otras medidas de accesibilidad. Sin embargo, en la nueva normalidad, con el teletrabajo o trabajo remoto, se abren muchas oportunidades. Me ha tocado trabajar con personas con discapacidad que, literalmente, los he visto convertirse en héroes, en salvavidas, incluso cuando ellos están luchando por sobrevivir. No hay razón para no poder contratarlos a cualquier nivel de la organización, obviamente bajo ciertas consideraciones que pudieran impactan la seguridad y la integridad de las personas. Y se debe de aprovechar esta pandemia, mientras sigue el teletrabajo, pues sin duda el *home office* va a perdurar y se integrará al trabajo normal, para realizar las adecuaciones necesarias de accesibilidad para cuando se venga más fuerte el regreso paulatino o consciente a los edificios de trabajo.

Tener a personas con discapacidad en cualquier equipo fortalece el clima incluyente, la moralidad, la libertad y la no discriminación. Además, es muy amplio el rango de estas discapacidades.

Todos conocemos a personas, desafortunadamente, con discapacidades morales que no merecen sus puestos de trabajo y que, para la mayoría, trabajar con ellos resulta problemático. Ojalá ese tipo de discapacidades se tomarán más en serio y, no sé, en el futuro puedan medicarse o tratarse de alguna manera.

Como ya les contaba, he tenido la oportunidad de trabajar en lugares donde desde RH creamos los espacios físicos para personas en esta situación y, en un esfuerzo consciente de fomentar su inclusión, los contratamos. Y ha sido una maravilla. Mi primera experiencia fue en mi primer empleo. ¡Hace más de cuarenta años! Y en ese momento me sorprendió, pero con el paso del tiempo lo reconozco aún más, porque aprendí mucho y hoy, cuando una de mis especialidades es la adopción de la diversidad y la inclusión en las empresas, veo la influencia que tuvo en mí esa experiencia laboral en una etapa temprana de mi trayectoria profesional.

Pero quiero ser más específico aún en cuanto a ejemplos de asuntos de accesibilidad que todas las empresas deberían de atender. Los cambios a veces no son sencillos. Lo primero son las rampas para sillas de ruedas y las medidas correctas para las puertas y pasillos, pues no solo benefician a personas que viven esta situación de manera cotidiana, sino también a todos los empleados que pudieran necesitar de manera eventual una silla de ruedas. Luego están las adaptaciones de letreros en pasillos y elevadores a lenguaje braille. De igual manera, las señalizaciones y la adaptación de las banquetas para quienes tienen una discapacidad visual. Lo mismo en los baños, el comedor y cualquier otra área de uso común. Algo bien interesante y que muchas veces no se considera son las alarmas visuales. Estamos acostumbrados a que las alarmas suenan, pero una persona con discapacidad auditiva necesitará otro tipo de señal en caso de emergencia. Además, se debe cuidar la iluminación en todas las áreas, desde las plantas hasta los edificios administrativos, porque también hay personas con debilidad visual que no están diagnosticadas y que no saben que con iluminación pobre no pueden realizar su trabajo de forma efectiva. En general, sin embargo, lo más recomendable es contratar a expertos en el tema para hacer las adecuaciones de forma correcta y puntual.

Otro grupo vulnerable que ha crecido mucho y al cual quiero hacer una distinción y señalamiento especial es a la comunidad LGBTQ. Este grupo ha enfrentado la discriminación y la poca inclusión, pero se ha vuelto cada vez más visible, incluso en un país como México. En particular en el ámbito laboral, que es la perspectiva que nos atañe en este libro, es doloroso ver cómo se desaprovecha mucho talento diverso por prejuicios o intolerancia. Es increíble cómo por el simple hecho de existir una política de diversidad e inclusión, y en particular las que mencionan a la comunidad LGBTQ, se abren oportunidades a todas las personas. No solo para quienes ya integran la organización, también es importante para quienes entran y saben que lo importante será el talento y la capacidad que pueden aportar para la consecución de objetivos.

En consultorías me he encontrado con empresarios y empresarias, líderes en diferentes niveles, que dicen algo como: "Sí, vamos a poner esta política para que la gente que está en el clóset pueda salir". No, no sirve para eso. En todo caso, sirve para respetar la privacidad de cada persona y la manera en que decidan manejar esa situación personal. Pero la función principal es para que, a través del tiempo, la empresa se abra, tanto en su imagen como en la cultura organizacional y, como resultado, lo que se aprecie y se valore sea, además de la persona en sí, el talento. Es real, sucede, la transformación ocurre más rápido de lo que se imaginan. Las personas se enteran de que se contrata por talento y, aunque pertenezcan a un grupo vulnerable, se acercan a participar en los reclutamientos porque saben que podrán demostrar su valía, sus capacidades, y aportarán a la empresa algo que solo ellos pueden. En estas organizaciones se consiguen los resultados al margen de cualquier cuestión y las personas lo hacen, en mayor medida, con gusto porque tienen el *ownership*, la camiseta bien puesta.

No basta, aunque es un símbolo fuerte y relevante, con ponerle el arcoíris al logotipo de la empresa y subirlo a redes sociales. El cambio debe verse en el día a día, para que el símbolo del arcoíris represente una bienvenida a quienes tienen el talento necesario. Para ello, la sensibilización tiene que hacerse desde arriba hacia abajo, en cascada. Hasta que llegue a todas y todos. Me ha tocado estar en empresas donde lo cotidiano ha sido trabajar con personas transgénero, transexuales, personas casadas con alguien del mismo sexo, y la amplia diversidad siempre, sin excepción, genera ambientes de libertad y aprecio por el talento y por las personas. La oportunidad que se les brindaba de ser libres lleva a la felicidad. Claro, con sus excepciones, pero son eso nada más, excepciones, que solas terminaban alejándose por su misma intolerancia.

Me tocó presenciar un ejercicio de sensibilización en donde se agrupaba a la gente de dos en dos y se les pedía hablar durante cinco minutos sobre ellos mismos, pero sin mencionar las tres cosas más importantes en su vida. Previamente escribían estas tres cosas, que casi siempre eran la familia, la pareja, los hijos, las aficiones, entre otras. Los primeros dos minutos pasaban sin problemas, después de eso se volvía en extremo problemático. Por naturaleza, al hablar de nosotros mismos, queremos mencionar a nuestra familia, hijos, pareja, y esas cuestiones tan importantes que decimos cuando nos preguntan qué es lo más importante para nosotros en la vida. Los últimos tres minutos se ponían difíciles. En algunos casos dejaban de hablar; simplemente, no podían entablar una conversación sobre su identidad sin mencionar a la familia, por ejemplo. Se sentían limitados, silenciados, y después describían la sensación como terrible, como estar en una prisión o, incluso, vivir en un mundo como el creado por George Orwell en la novela 1984. A ese nivel. Entonces, la reflexión de la actividad, cuyo fin no era hacer sufrir a la gente, obvio, era ponerse en los zapatos de alguien de la comunidad LGBT que no se había abierto en la empresa por miedo a la intolerancia. Les decían: "Imagínate a una persona que, por miedo, no habla sobre su orientación sexual dentro de la empresa. Llega un lunes después de un fin de semana increíble con su pareja y no puede contarlo. No puede decir que le propusieron matrimonio o que con su pareja celebraron un aniversario". Y la gente en el curso de sensibilización lo entendía, genuinamente. Ese es solo un ejercicio, pero existen programas integrales que logran transformar a compañías con valores estancados en el pasado y que, como resultado, han notado un impacto positivo en el desempeño, en las finanzas y en la sociedad.

Una pregunta frecuente que recibo de líderes empresariales es cómo lidiar con empleados activistas. En otras palabras, cuando un grupo de empleados quiere hacer un grupo interno de apoyo para una minoría o grupo vulnerable. Mi recomendación es que la empresa toma la batuta.

En un ambiente positivo de libertad dentro de la organización, lo más probable es que estos empleados activistas se acerquen con los líderes primero con ideas y propuestas. Esto es lo ideal, es decir, que no lo hagan por su cuenta. ¿Por qué? Yo he trabajado con empresas que tienen un presupuesto para estos grupos y también para promover su creación. Son muy comunes en Estados Unidos los grupos de mujeres, de personas de raza negra y de la comunidad LGBTQ. En estos casos, casi siempre existe un espónsor directivo de muy alto rango, además de *champions* a nivel gerencial, que apoyan y representan a los grupos. También se designa a un tesorero dentro del grupo para que administre el presupuesto en coordinación con el *champion* o el espónsor. De esta forma funciona mejor a que si el grupo se organiza y después la empresa los apoya. Por ejemplo, digamos que el director de finanzas apoya al grupo LGBTQ y la directora de operaciones al grupo de mujeres. Desde la dirección general o un consejo de la empresa se les asigna a los directores uno de estos grupos vulnerables para que los promueva, guíe y, a la vez, modulen. Sin duda, hay veces que no se podrán realizar todas las actividades que un grupo quiere. Por eso recomiendo que la iniciativa venga de la empresa. Por decir: el año 2021 será el año de las mujeres, y durante todo el año se realizan actividades que consolidarán y darán visibilidad y reconocimiento a los integrantes de la minoría. Luego el año 2022 será el año del grupo LGBTQ y el 2023 del grupo intergeneracional. La elección de estos años puede irse declarando de acuerdo con situaciones sociales o internas de la compañía. Las empresas grandes tienen a todos los grupos trabajando en un lapso de cinco años. No se necesita de un gran presupuesto, uno pequeño bastará para que haya refrigerios y café en las juntas y para organizar desayunos con los grupos de otras empresas.

También para acceder a publicaciones relevantes para los grupos, entre otras cosas. Y, por supuesto, esto dependerá del tamaño de la empresa y sus posibilidades. En todo caso, esta estrategia es la que se ha probado como la más efectiva en las empresas globales.

Por último, quiero regresar a la cuestión de los grupos generacionales conviviendo dentro la empresa porque, en muchos sentidos, es de los cambios más sencillos que se pueden aplicar y, cuando se hace bien, los resultados no tardan en manifestarse. Existen programas de coaching inverso donde los millennials les enseñan a los baby boomers a manejar la computadora, las apps en el smartphone y maneras de aprovecharlos para lograr las metas de la organización. Al mismo tiempo y a la inversa, un baby boomer le transmite su experiencia en disciplinas específicas a la industria, gobernanza, políticas, entre otros.

Hace unos años, y no ha desaparecido por completo, existía una aversión por parte de baby boomers y personas de la generación X a contratar, promover o dar posiciones de liderazgo a millennials. Hoy, afortunadamente, esto está cambiando. Las etiquetas típicas impuestas a este grupo, pronto el más numeroso en las áreas de trabajo, son generalizaciones negativas que, si las creemos ciegamente, pueden desembocar en un terrible escape de talento. Se dice, por ejemplo, que los millennials sobreviven gracias al reconocimiento y aplauso de los demás, lo cual, en mi experiencia, no es necesariamente cierto. Es una necesidad humana buscar esa validación de otros, es una variable psicológica que aumenta la motivación y la autoestima. Esto, de ninguna manera, es privativo de los millennials. También se dice que aplican la ley del mínimo esfuerzo o que si las cosas se complican las abandonan. Cuando no tienen un buen líder, pues sí, sucede, pero cualquier persona puede abandonar un proyecto cuando no hay un buen liderazgo. Sobran ejemplos de estos casos y, personalmente, podría escribir tres libros nada más de ejemplos de personas desmotivadas o poco comprometidas con los proyectos por un liderazgo deficiente. Tampoco es cierto lo del mínimo esfuerzo. Yo tuve la oportunidad de trabajar con directores millennials en una compañía muy arriesgada, en un sentido positivo, y créanme que el fundamento que dejaron ahí fue maravilloso. Ahora siguen siendo millennials, claro, eso no cambia, pero en etapas más avanzadas de sus trayectorias profesionales, como directivos de muy alto nivel. Esto lo lograron gracias a esta exposición a puestos importantes desde jóvenes, además de sus talentos y competencias profesionales, por supuesto. Después de estas experiencias, no me queda duda de que la mezcla de experiencia y juventud enriquece a una compañía en todos los niveles.

Otra noción común sobre los millennials es la idea de que abandonarán su empleo después de dos o tres años máximo, porque después buscarán abrir un negocio propio. Las condiciones económicas y sociales en la actualidad, sobre todo por la pandemia, no son las ideales para poner un negocio. Habrá quien sí lo haga y disfrute el reto, pero está lejos de ser una regla. Los millennials pueden hacer carreras importantes dentro de las organizaciones si se les guía bien y si su educación, moral y perspectiva personal así se los dicta. Como los anteriores, este también es un mito. La realidad es que, como colaboradores en las empresas, generan un impacto positivo. Siempre hago la aclaración: tal vez sí vas a tener a un millennial que parezca de una genialidad asombrosa y piensas: nada más va a durar dos años aquí, si bien me va. Está bien, entonces que solo dure dos o tres años y ojalá implemente cientos de genialidades en ese tiempo. Es necesario saber adaptarse a esta situación. Los millennials están creciendo y con la madurez que adquieren con el paso del tiempo sus aportaciones se vuelven de gran trascendencia para las empresas. Una mitificación negativa, de cualquiera de las generaciones, solo puede traer consecuencias negativas. Los paradigmas generacionales son creados, no están en la genética ni son decreto. Conozcamos el contexto de las personas, su individualidad, para evitar que los estereotipos se conviertan en creencias. El problema de las creencias es que son difíciles de eliminar de nuestros pensamientos, actitudes y opiniones. Las creencias con el tiempo se convierten en acciones. Y las acciones generan un resultado. En resumen, eviten estas etiquetas.

Los cambios descritos en este capítulo son necesarios y benefician a la sociedad en general y a las empresas, como ya se ha visto. Por eso me animo a decirles, como dicen en la televisión, que les avisen a los amigos, despierten a los vecinos y a los niños, a todos, para juntos promover este cambio. Invítenlos a comprar este libro o cualquier otro que trate de estos temas. Si son dueños de empresas, invítenlos a contratar una consultoría. Para eso existimos, nos dedicamos a desarrollar globalmente empresas integradas con características y cultura de diversidad e inclusión.

En general, hay varios pasos a seguir después de contratar a expertos, ya sea externos o para trabajar internamente. Lo primero será "cascadear" la sensibilización empezando por directivos, gerentes, jefes, supervisores y luego el grupo en general, el resto de la empresa, para que la sensibilización a esta cultura llegue a todos. Posteriormente, hay que visibilizar la diversidad y la inclusión; actuar en favor de ellas. Se contratan personas diversas, se incluye a personas dentro de la empresa, es decir, se les otorga liderazgo para que su influencia se vuelva una realidad, una práctica real. De la costumbre y la congruencia entre actos y palabras surge una cultura. La cultura se vuelve lo cotidiano e impregna todas las acciones dentro de la empresa. Esto implica, evidentemente, que no es solo un asunto de decretar una política y colgarla en la pared. Hay que vivirlo. Yo trabajé con organizaciones que dijeron: vamos a transformarnos, vamos a ser diversos e inclusivos. Y después, al día siguiente de esta fuerte declaración, en la mesa directiva escuchaba chistes misóginos, chistes crueles contra grupos vulnerables, burlas, *mobbing, bullying*. La cultura no se instaura de un día para otro: es sensibilización, es entrenamiento, es una responsabilidad social. La diversidad y la inclusión crean empresas diferentes, modernas, aceptadas en la cadena de valor de las mejores empresas globales. Es una oportunidad y es un imperativo de negocio. No es una moda o una tendencia. Como dije, es un imperativo para poder hacer negocios con países desarrollados, avanzados, donde estos valores se fomentan desde el jardín infantil. Si quieres jugar en las ligas mayores, debes tener un equipo de ligas mayores. Eso solo se logra cuando la cultura de diversidad e inclusión es real.

Yo creo que estamos en proceso de desarrollar una inteligencia cultural extendida a través de todos los niveles de las organizaciones. Para que prospere es necesario crear conocimientos sobre el tema, acoger el cambio a partir de la sensibilidad y, después, una adaptabilidad a la diversidad y la inclusión. Es imprescindible para tener éxito en el siglo XXI. Claro, que no se quede en el trabajo, hay que intentarlo también en la familia, en las escuelas, donde sea que tengamos influencia. Este tema ya no es vanguardia, viene desde hace muchos años, pero es importante tenerlo presente ahora para que, en la nueva normalidad, las organizaciones sean diferentes y estos temas tengan más impacto. Esto es una introducción al concepto. Consideren, por favor, buscar más bibliografía para seguir desarrollando esto que nos hace crecer como profesionales y como seres humanos.

4. LA NORMA 035

La norma 035, denominada oficialmente en el Diario Oficial de la Federación como "Norma Oficial Mexicana NOM-035-STPS-2018, Factores de riesgo psicosocial en el trabajo —identificación, análisis y prevención", trata, justamente, sobre los riesgos psicosociales en el trabajo. Es la norma que el gobierno ha establecido a través de la Secretaría del Trabajo y Previsión Social, y que se deriva de la 030, la norma original relacionada con la salud en el trabajo.

En el pasado, las empresas eran sujetas a auditorías en cuestiones relacionadas a la seguridad. En las compañías productivas, no de servicios, a esta área se le conoce como seguridad industrial. La norma 030 abarca cuestiones de seguridad y salud en el trabajo, y esta nueva derivación básicamente cubre la salud emocional, que contribuye al desarrollo psicosocial de las personas que trabajan en la empresa. No cabe duda de que cuando las personas tienen salud física y salud emocional, se genera un buen ambiente de trabajo en la empresa. En los capítulos anteriores ya se ha dado evidencia de esto y los temas tratados ahí contribuyen, en diferentes medidas, a disminuir los riesgos psicosociales y, a fin de cuentas, a conseguir resultados positivos por el lado del negocio. En este capítulo profundizaremos en los detalles de esta NOM y en por qué debemos cumplir con ella, aunque, como se hará evidente conforme avancemos, será necesario adoptar o adaptar algunos procesos para cumplirla.

Vámonos en orden. Para empezar, ¿quién debe administrar la norma dentro de la empresa? Se recomienda que, si las empresas son grandes, se haga responsable el área de Recursos Humanos. Sin embargo, en las empresas más pequeñas, con una plantilla menor a las 50 personas, se sugiere que sea administrada por expertos externos. Esto con el fin de que los involucrados no sean juez y parte, y lleven la correcta implementación de los procesos a los que obliga la norma. También, claro, para garantizar la obtención de resultados verídicos y que no haya problema en caso de ser auditados. El proceso supondrá un gasto económico para estas empresas, pero vale la pena dejar la implementación en manos expertas.

En principio, la recomendación inicial es la creación de un catálogo de puestos en el que se registe el tipo de estrés y las condiciones de salud emocional a las que los empleados pueden estar expuestos. Este catálogo es esencial para iniciar con el pie derecho el cumplimiento de la norma, pues nos permitirá realizar y documentar planes de acción para apoyar a los trabajadores en cada uno de los ambientes psicosociales y emocionales asociados al puesto. Lo anterior con el fin de asegurar que se permitan desempeñar de forma adecuada en su área de trabajo. Además, este registro permite que el proceso sea sustentable, un tema que veremos en el siguiente capítulo, pues el catálogo permite que a través del tiempo y sin importar quién esté en un puesto, exista una documentación adecuada de los riesgos psicosociales y el plan de acción correspondiente.

Este es un proceso auditable y que involucra a toda la organización. Por eso mismo, la recomendación que yo hago es: al iniciar la adopción y adaptación para la norma, es indispensable tener una plática con todo el personal en donde se les explique sobre qué trata la norma, cómo se administra, por qué existe y cuál es el rol que ellos juegan en el proceso. Acto seguido, debe organizarse un training para los mandos medios sobre cómo administrarla, cuándo reportar situaciones y, de manera general, cómo evaluar a las personas en relación con su estado emocional y psicosocial. Asimismo, no está de más un entrenamiento extra sobre cómo manejar los conflictos posibles derivados de esta norma.

El siguiente paso deberá ser la realización de dos cuestionarios, ambos ya diseñados y proporcionados por la norma para que su aplicación sea uniforme y comparable entre las empresas del ramo. Se pueden hacer al mismo tiempo o por separado. El primero está relacionado con la salud emocional de las personas, para evaluar el riesgo que existe en quienes integran la empresa y, a su vez, evaluar el riesgo para la compañía en un sentido psicosocial.

El segundo cuestionario es, específicamente, para documentar la salud emocional de personas que han estado involucradas en un Acontecimiento Traumático Severo (ATS). Estos implican situaciones que impactan directamente la salud emocional de las personas. Por ejemplo, cuando en una empresa de manufactura llega a haber un conato de incendio o cuando tras un sismo se cae una barda, hay accidentados, se para la producción, y las personas sufren un impacto emocional por las circunstancias. La gente involucrada en estos tipos de ATS debe evaluarse con este segundo cuestionario y, en general, a las áreas que pudieran sufrir algún tipo de impacto emocional por la situación.

Habitualmente, el riesgo psicosocial se mide cada dos años; la norma así lo establece. Sin embargo, lo ideal es hacerlo cada año para poder darle mantenimiento y ejecutar los planes de acción necesarios. Si se implementan correctamente, tendrán un impacto positivo en la salud emocional de la gente, lo que a su vez les permitirá un desarrollo profesional adecuado dentro de la empresa y la consecución efectiva de los objetivos.

Para saber cuántos cuestionarios deben aplicarse, será necesario obtener una muestra significativa de acuerdo con el tamaño de la empresa. En mi experiencia, las compañías más grandes lo aplican a la totalidad del personal, pero no tiene que ser así. Digamos que existen dos guías: una para empresas con menos de cincuenta personas y otra para las que rebasan este número. Para las empresas grandes se sugiere que se aplique al 50 % del personal. En las pequeñas el porcentaje subiría a 70 u 80 %.

Una vez realizado el cuestionario, debe elaborarse un reporte con los resultados, que deberá imprimirse, encuadernarse y guardarse. Esto no es un capricho mío, sino que por norma dicho reporte deberá estar impreso con su respectivo respaldo electrónico para tenerlo disponible cuando se presente una eventual auditoría.

Con frecuencia, las empresas dedicadas a la administración de la norma cuentan con un software donde se pueden aplicar los cuestionarios digitalmente. De esa forma no hay excusa, incluso ahora en la nueva normalidad, se pueden contestar sin problemas desde el *home office*. La ventaja de estos softwares especializados es la cantidad de información que arrojan. Las plataformas están pensadas para eso, funcionan mejor que un Google Forms, por ejemplo, pues es más fácil identificar las áreas y departamentos donde existen los mayores riesgos. Los sistemas son muy sofisticados y con la información provista se puede llegar hasta la raíz de los problemas para identificar de dónde surgen. Entre más información tengamos, más herramientas tendremos para hacer funcionar a la empresa de una manera más efectiva en un sentido psicosocial. En fin, al final, podremos identificar a nivel empresa el riesgo que tenemos y poner manos a la obra.

Después de este reporte, hay que trabajar en los planes de acción. Es posible que para poder realizar estos planes y llevarlos a cabo se necesiten acciones de liderazgo muy precisas con el fin de impactar positivamente en todos los niveles de la organización. Más adelante daremos unos ejemplos sobre esto. Pero antes, recordemos que estos reportes son auditables y, por lo mismo, será indispensable tener a la mano, por si la autoridad los solicita, todos los documentos, entrevistas y demás evidencias que contribuyan a la generación del reporte. Esto que acabo de decir es importantísimo y lo repetiré más adelante.

A manera de paréntesis quiero señalar que la norma 036, sobre los factores de riesgo ergonómico en el trabajo, la primera parte, entró en vigor a principios del año 2020, pero nosotros no la abordaremos en este libro.

Continuemos. Otro documento importante que debemos generar es uno que recabe datos relevantes de todas las personas que conforman la empresa. Muchas compañías tienen una base de datos ya integrada, independiente a la de nómina o como parte de esta, de la cual se puede obtener información general y particular de todos los trabajadores de la compañía. Conviene tener una política de privacidad de datos para seguridad y tranquilidad de todos. Estos datos se utilizan para conocer mejor a los trabajadores y, en un momento dado, poder tomar decisiones más informadas.

Otro punto importante es la creación de una política de

prevención de riesgos psicosociales. Esta política, que deberá crearse con conocimiento informado de los posibles riesgos de la empresa, y para lo cual ya se hizo la investigación a través de los cuestionarios, es central para lograr conectar la teoría con la práctica y, además, involucrar a toda la comunidad. Mi recomendación es que la política se imprima en grande y todas las personas la firmen. Puede ser un lienzo muy grande o pequeños carteles en las diferentes áreas de oficinas o departamentos. De esta forma todos la conocen y se vuelven corresponsables de la práctica que, al final del día, es lo más importante. Vale la pena enfatizar aquí el hecho de que la norma va a tener un impacto positivo en la compañía, porque al tener identificados los riesgos potenciales, en qué áreas y en qué personas, se les puede dar mantenimiento a través de los planes de acción.

El catálogo de puestos, o puestos tipo, y sus riesgos asociados pueden y deben irse actualizando con el tiempo. Esto permitirá hacer un análisis más efectivo y establecer criterios de salud ocupacional, en la parte emocional, y saber a qué riesgos están sujetas las personas. En las empresas modernas, de acuerdo con su nivel de innovación, se crean posiciones constantemente y los riesgos van cambiando, no son fijos. Por ejemplo, una persona que trabaja en un horno de reciente adquisición, donde las temperaturas derriten y fusionan metales específicos, que viste durante casi toda la jornada un traje especial, sin duda conlleva un riesgo físico, pero también implica uno emocional más grande que alguien que trabaja en una línea de producción. O no necesariamente más grande, pero sí diferente por ser un riesgo más inmediato y palpable. Entonces la clasificación del riesgo es distinta. También son diferentes para alguien que trabaja en la oficina, en el área de sistemas, y para los que están en ventas y salen a diario a la carretera. O para los distribuidores que deben cubrir ciertas rutas en un determinado tiempo. Cada puesto tipo implica un riesgo diferente y lo tenemos que identificar con los cuestionarios. En otras palabras, se trata de entender a la gente para atender sus problemáticas psicosociales particulares causadas por el trabajo.

Cabe mencionar que los cuestionarios tienen entre 70 y 80 preguntas, y los reportes y análisis se deben hacer por centro de trabajo. Es decir, si una empresa es grande y tiene oficinas, plantas, centros de distribución, centros de transferencias, oficinas de ventas y más, en cada uno de estos se tiene que realizar el análisis para identificar los riesgos. Por separado. También por razón social. Si es un grupo empresarial con distintas razones sociales, entonces los reportes se administran por separado.

Como decía, estos análisis de los cuestionarios se deben realizar también por área, por departamento, por planta, centro de trabajo o empresa, cuando se trata de un grupo o consorcio. Igual que en la vida, cada pequeña comunidad tiene sus particularidades y, por ende, sus riesgos asociados. De ahí que los planes de acción para mitigar el riesgo psicosocial deban ser específicos. No se pueden sencillamente replicar entre centros de trabajo por la misma diversidad de las personas que los componen. El meollo de lo psicosocial radica, justamente, en lo social. La psicología de las personas en una empresa solía considerarse en lo individual. Sin embargo, ahora se trasciende la esfera personal y se busca entender a las personas desde su rol como parte de una sociedad, en este caso, su entorno de trabajo.

Les voy a dar unos ejemplos más específicos sobre todo lo anterior, de cómo brindar oportunidades de mejora en la parte psicosocial y emocional a las personas. Primero se debe establecer una estructura organizacional adecuada donde las personas sepan cuál es el aporte de su trabajo, tanto en lo individual como para los resultados de la empresa. Esto, en apariencia tan sencillo, brinda una tranquilidad de base para saber por qué estamos trabajando y por qué somos importantes para la empresa. Es el punto de partida.

También es importante establecer formas de comunicación para liberar el estrés que surge de cuestiones críticas que, en un momento dado, pueden poner en riesgo la continuidad de una persona en la empresa. Estos casos suelen ser los más estresantes, porque trascienden lo individual y lo laboral hasta impactar en lo personal. Entonces, muchas empresas han optado por crear lo que se llama el buzón de transparencia, que ya detallamos en un capítulo anterior. Este da a las personas la capacidad de manifestarse libremente y de reportar situaciones de una manera anónima. Incluso las más graves, cuando implican injusticias por parte del liderazgo de la empresa, por ejemplo, y que sin duda producen un impacto en la salud emocional.

También recomiendo los sistemas de reconocimiento, que son plataformas o softwares en los cuales las personas reconocen el trabajo de otros. También puede ser un sistema no digital, pero en el cual haya ciertas reglas para obtener dicho reconocimiento, independientemente de las evaluaciones de desempeño. Estos sistemas, usualmente, tienen premios, estrellas, algo que puede dar más valor al trabajo individual. Incluso puede haber recompensas físicas que se entregan en premiaciones durante cenas o eventos de la organización.

Aprovechando el contexto de la nueva normalidad, con las políticas de flexibilidad, otra forma de reconocimiento puede ser otorgar beneficios como horarios flexibles. Y los que, por la naturaleza de su trabajo, no pueden tener dicha flexibilidad en los horarios, entonces reciben otras condiciones que los benefician, como pueden ser aportaciones para motivar a los equipos deportivos, ya sea uniformes, nuevo equipamiento, entre otros. El objetivo es encontrar alguna manera para liberar el estrés, alejar las problemáticas emocionales que pueden impactar en el trabajo.

Algo muy común en los últimos años es el Programa de apoyo al empleado (PAE). En este, las empresas cuentan con una *hotline*, un teléfono al que se puede llamar las 24 horas del día, los siete días de la semana, los 365 días del año, y donde una persona responde para ayudarte a manejar problemáticas personales dentro del trabajo y, a veces, fuera del trabajo también. Y es absolutamente confidencial. Alguien puede llamar y decir que está harto del trabajo y no habrá consecuencias. Las empresas que se dedican a establecer estos apoyos telefónicos (algunos también en línea) tienen ciertas reglas que se le comunican a los usuarios, pero el caso es que empresas muy organizadas ya lo utilizan y funciona bien dentro de los planes de acción para mitigar los riesgos psicosociales.

En esta nueva normalidad es importante tener en cuenta que muchas personas perdieron familiares, amigos cercanos o, si no los perdieron, tal vez estuvieron con salud delicada. Esto provoca un impacto silencioso, porque las personas a veces no lo comunican, lo viven con demasiada discreción y creen que no es asunto que compete a la empresa. Por eso es deseable tener alternativas médicas y psicológicas para los empleados y que, cuando se regrese a una presencialidad absoluta, se sientan tranquilos. Esto incluye cumplir con los estándares y protocolos de sanidad impuestos por las autoridades y la empresa. Estos protocolos pensados para el bienestar de todos los trabajadores es una señal del compromiso de los líderes con su gente, con la familia del trabajo. Dichos protocolos deben cumplirse de manera estricta y deben estar en constante repaso para que todos, incluso proveedores y otros grupos de interés, los tengan presentes en sus interacciones con la empresa. Aunque puede parecer difícil mantener el orden si no hay supervisión constante, el objetivo es que los protocolos hagan ese trabajo y, de esa forma, todo estén y se sientan protegidos. Este sentimiento de protección, claramente, puede ser útil para bajar el estrés y, en consecuencia, los riesgos psicosociales.

Es importante recordar que antes de ejecutar los planes de acción, o justo cuando se comience su implementación, se necesita explicar a la gente cuál es el motivo y por qué se están realizando. Es posible que personas señalen que ciertas acciones se están realizando a destiempo, es decir, que antes ya se había notado el problema y nadie hizo nada. Sí, pero debe quedar claro que ahora está la condicionante de la normatividad en torno a la problemática psicosocial. Ahora sí es un deber, una cuestión legal y se debe hacer algo al respecto. Es la realidad. Por eso deben comunicarse con claridad los resultados y explicar a todos las situaciones, los planes de acción e, incluso, cómo los trabajadores pueden apoyar. Lo cierto es que la sociedad cambia y los problemas psicosociales evolucionan y se desarrollan junto a estos cambios. Muchas empresas ya tienen a sus equipos médicos, de psicólogos, que ayudan a las personas, o bien contratan al PAE y ahí se encuentra cierto desahogo, pero como líderes debemos estar a la cabeza de estos cambios. Siempre hay una oportunidad para incrementar las opciones de apoyo, para mejorar y, así, lograr que todos se sientan protegidos en la empresa.

Los planes de acción se desarrollan en función de los factores de riesgo, que pueden considerarse como nulos, bajos, altos y muy altos. Si clasificamos estos factores, podemos decidir un curso de acción apropiado para el corto, mediano y largo plazo, y también la inversión de tiempo que debemos dedicar a los diferentes problemas que enfrentemos.

También entendamos que los planes de acción deben tener seguimiento. Por ejemplo, en un caso de violencia laboral o de otros problemas que pudieran surgir por las condiciones de trabajo en la nueva normalidad, el análisis de cómo trabajar un tema psicosocial debe ser flexible. No solo se realiza el análisis, se toman acciones y ya. El monitoreo a través de conversaciones de seguimiento, por ejemplo, permitirá verificar si se están cumpliendo las expectativas de los planes de acción. En caso de que no, se pueden ajustar a lo largo del tiempo. Por eso mi recomendación anterior de que este proceso, desde los cuestionarios hasta los resultados, se revise año con año, no cada dos como lo estipula la norma. Hay que llegar a conclusiones, compartirlas y tenerlas por escrito para el caso de que sean auditadas. Al final, la norma existe para el bienestar de las personas, no solo para cumplir con un proceso y palomear una lista de pendientes.

En los casos donde existieron ATS, el protocolo podría requerir incluso de más trabajo y atención al detalle. Se requieren pasos específicos, procesos a seguir y contar con opciones de tratamiento psicológico externo, en caso de requerirlo y que no haya uno interno. Esto de los pasos significa crear un diagrama de flujo de cómo funciona la ayuda que puede proporcionar la empresa y así dar ese seguimiento o monitoreo del que hablábamos a estas personas con situaciones más delicadas. Los ATS casi siempre están enfocados, en mi experiencia, en las áreas donde se trabaja con máquinas, pues ahí es donde se ha originado la afectación.

Lo más normal y deseable sería que en las evaluaciones de desempeño se evalúe cómo están funcionando los planes de acción, qué estrategias están funcionando y cuáles pueden renovarse. Esto debe figurar entre las prioridades del área de RH y otros líderes que estén involucrados en la administración de la norma. Los resultados de esta parte de la evaluación en particular deberían mostrar que los planes de acción están haciendo que las personas se sientan menos vulnerables emocionalmente ante las problemáticas o riesgos en su área de trabajo. Además, al hacerlo oficial dentro de las evaluaciones de desempeño, se tendría evidencia concreta para la auditoría. Por otra parte, se pueden incluir entre las evidencias, cuya recolección y organización es importantísima, el catálogo de puestos y riesgos, las listas de empleados, fotografías, grabaciones, audios, testimonios, entre otros, para demostrar que la norma es transversal a la actividad diaria en la empresa y que se están cubriendo los aspectos exigidos por la norma.

Pero todo lo anterior se logra como equipo. Por eso vale la pena colgar en las paredes la política y pregonar que, independientemente de la norma, conviene actuar en favor de la responsabilidad social de la empresa, pues esto favorece no solo al negocio sino al bienestar de todos. Mi recomendación más grande es que si no saben por dónde empezar, no duden acudir a expertos que los ayudarán a lo largo del proceso: desde la aplicación de los cuestionarios, la redacción de los reportes, hasta la creación de los planes de acción y las estrategias para implementarlos. Es lo mejor, para no fallar durante las auditorías. Además, como es comprensible, todas las áreas ya tienen mucho trabajo; lo más probable es que no tengan el tiempo, la capacidad, la experiencia ni los conocimientos para atender estas necesidades. Lo que sí es que ya no hay opción, el trabajo debe hacerse, hay que cumplir y no se puede dejar de lado este tema tan importante. Se puede empezar con el apoyo externo para la capacitación fundamental y después administrarlo todo internamente. Sin importar la opción que se elija, la implementación correcta de programas para mejorar la estabilidad psicosocial del personal de la empresa impactará positivamente el ánimo de las personas, lo que mejorará su calidad en el trabajo y, a fin de cuentas, la rentabilidad de la empresa. Esto es, en términos generales, en qué consiste, cómo se implementa y qué impacto tiene la norma 035. En el siguiente capítulo repasaremos, con ejemplos muy concretos, cómo hacer sustentables los procesos de Recursos Humanos.

5. PROCESOS SOSTENIBLES DE RH

Una de las grandes vertientes de este libro ha sido la retención del talento. Queremos atraerlo, claro, pero asegurar su permanencia es quizá todavía más importante porque influye a largo plazo en la prosperidad del negocio. En este capítulo, les daré algunos ejemplos de procesos sostenibles de Recursos Humanos, una selección entre los más comunes, que en mi opinión todos deberíamos aplicar y trabajar en nuestras empresas. En este contexto, la sostenibilidad —y aquí me baso en la definición de la ONU para preferir sostenible sobre sustentable, aunque, en términos generales, pueden funcionar como sinónimos— implica **permanencia**: construir procesos limpios, permanentes a través del tiempo, basados en la realidad y necesidades de la empresa, para permitir el crecimiento, el desarrollo y la retención del talento.

El primer proceso es la fijación de objetivos. Ya hemos hablado de este proceso antes desde diferentes perspectivas. Ahora, debemos agregarle una capa más de sofisticación. Iniciamos el año, se fijan los objetivos que se deben alcanzar, procuramos las acciones para conseguirlos y después llegará el momento de la evaluación. El chiste aquí es hacer una pausa durante el planteamiento de los objetivos para formularlos de manera sostenible para las personas y la empresa. ¿Cómo lo vamos a hacer?

Digamos que me interesa crecer un 20 % las horas-persona de capacitación para apoyar ciertos proyectos estratégicos previamente establecidos. Es un error común, más común de lo que esperaríamos, empezar por subir un 20 % las horas de capacitación sin tomar la decisión estratégicamente. Ahí les va, tengan, sean felices con su avalancha de capacitación. Y ponemos la palomita al objetivo. Qué desperdicio. Ese incremento debería ser algo similar a una bendición y deberíamos considerarlo con cuidado. Primero que nada, ¿cómo vamos a asegurar que ese 20 % extra de horas de entrenamiento sean de impacto y transformen a las personas de manera que estas crezcan y sean capaces de ocupar posiciones diferentes, más altas o laterales —si pensamos en un crecimiento horizontal para acumular experiencias y conocimientos—, y que este crecimiento se traduzca en resultados positivos, posiblemente financieros, para la empresa?

Ese 20 % no es gratis, debe emplearse de manera sostenible. Entonces, si la pregunta anterior se vuelve un problema, quizá se deba replantear el número o el fin que se le dará al recurso. Pero sigamos con el 20 %. Para contestar la pregunta, es decir, para asegurarnos de que el aumento en capacitación va a tener un impacto positivo en la empresa y en las personas, vamos a pensar en cómo mediremos el impacto y a quién se va a capacitar. Es un largo y difícil debate: ¿capacito a todos o capacito solo a algunos? Vamos a retomar este punto más adelante. Entonces, recapitulando y en palabras sencillas, para hacer la fijación de objetivos un proceso sostenible, debemos pensar que los objetivos deben ser medibles en cuanto a su impacto positivo en la empresa y en las personas. Si aumento 20 % la capacitación, entonces lo deseable es que el incremento se refleje en ese mismo porcentaje o más, en las áreas a las que se destinó la capacitación, por ejemplo, satisfacción del cliente, prevención de accidentes, entre otros. Y, a fin de cuentas, también en lo financiero. Tal vez no todos los objetivos apliquen en este esquema, pero sí los más fundamentales para el desarrollo de los trabajadores y la organización.

El segundo proceso es la evaluación de desempeño. ¿Cómo la vamos a hacer sostenible? En primer lugar, deber hacerse con gran objetividad y honestidad. Digamos que la empresa realiza este proceso en un sistema interno que utiliza una escala de cinco. El más grande error de los líderes en este proceso es pensar que, para demostrar que ellos están haciendo bien su trabajo, toda su gente debe estar en cuatro o cinco de calificación. Porque, claro, si mi gente tiene dos o tres, entonces van a pensar que soy un tonto como jefe o, simplemente, incapaz de dirigir a las personas. No. Eso no tiene nada que ver. Es frecuente ver equipos muy bien evaluados, pero que a la empresa le rinden resultados tristísimos.

La objetividad y honestidad que mencioné anteriormente es la clave para la sostenibilidad de este proceso. Los líderes deben entender que, en este caso, es más rentable la honestidad que un numerito falso o inflado. Es lo equivalente a hacer trampa en un examen de la universidad para obtener un 10 en vez de un 7, solo que aquí se puede llegar a reflejar en pérdidas millonarias de la empresa, todo por no ser honesto sobre el desempeño de las personas, y por creer que la imagen o el desempeño propio se verá afectado por ese número en la evaluación de otros.

Imaginemos a alguien que dice: yo quiero ser el ingeniero de proyectos de la planta en Campeche. Bien, qué buena onda. Pero, necesitamos preguntarnos: ¿el perfil de esta persona hace un *match* perfecto con el puesto? ¿Qué competencias le faltan desarrollar para conseguirlo? ¿Su estilo de liderazgo y de personalidad son los adecuados? Se deben considerar esos factores, entre tantos otros más dependiendo de cada caso particular, para fijar bien los objetivos y realizar la evaluación correcta. En esta situación específica, la sostenibilidad estaría en ser realistas y no prometer ni otorgar lo que no se puede cumplir. Porque si en ese momento la persona merece un dos en su evaluación, entonces se le pone el dos. Un dos puede representar oportunidades de crecimiento, un potencial a futuro, pero que, de momento, no está capitalizado. En ese caso, se busca cómo apoyar a esa persona para que mejore en los aspectos clave que están resultando en una evaluación baja, pensando que, en el futuro, quizá sí llegue a ser ingeniero de la planta en Campeche. El aumento de 20 % en la capacitación aplicaría aquí. Como líderes, nos damos cuenta del potencial y decidimos invertirlo en esta persona. O tal vez no: por su historial o lo que sea, estamos convencidos que nunca será el ingeniero de proyectos en esa planta, entonces invertimos la capacitación especializada en otra persona.

En resumen, la evaluación de desempeño se vuelve un proceso sostenible si, primero, se fijaron objetivos adecuados y sostenibles y, segundo, se evalúan de manera honesta y objetiva porque entendemos que eso es lo mejor para la organización a largo plazo.

El tercer proceso es el del trabajo en equipo. Entendamos primero que la vida no está compartimentada, a pesar de que en la escuela dividían literatura y matemáticas, o que en la empresa ventas se divida seguridad y finanzas.

La vida, definida en una oración, es una interrelación de factores complejos que trabajan a través del tiempo para crear experiencias. Esto da como resultado que exista la métrica en la poesía y que las matemáticas se entiendan como un lenguaje que leemos de izquierda a derecha, igual que las letras de este libro. También significa que las áreas de ventas, seguridad y finanzas no son islas enteras por sí mismas, como diría el poeta inglés John Donne. Si traducimos lo anterior a los términos que nos atañen, esto implica que un trabajo en equipo sostenible será el interdepartamental. El desarrollo de proyectos concebidos y trabajados entre diferentes departamentos harán que el alcance de dichos proyectos llegue a cada departamento. Quizás en los primeros proyectos se empiece nada más palomeando cajitas para asegurar que los departamentos involucrados están teniendo un impacto, pero con el tiempo se comenzarán a integrar y surgirán de manera orgánica, de forma que beneficien a todos. Este tipo de proyectos, además, generan que las personas crezcan horizontalmente, no solo en un sentido vertical. Y esto es benéfico y sustentable, en el sentido de la definición que hemos adoptado, porque las decisiones que tome esa persona tendrán una visión más amplia y, sin duda, eso permitirá que sea más sencilla la consecución de los objetivos fundamentales de la empresa. Además, será benéfico para la gente, pues es más factible que permanezcan en la empresa por un mayor tiempo y con eso tendrán más estabilidad en la parte personal. Como ya vimos en el primer capítulo, la estabilidad en el trabajo es, y será, de lo más valioso en la nueva normalidad. La inestabilidad y volatilidad que ha generado la pandemia han hecho que la estabilidad laboral se vuelva un atributo deseado, más que antes, en la carrera que construimos dentro de la organización.

Otro proceso, este muy particular al área de Recursos Humanos, es el de captación de personal. Y aunque sea muy de RH, vamos a ver cómo se transforma en sostenible al trabajarlo de manera interdepartamental, como lo señalé en el párrafo anterior. Pongamos como ejemplo el proceso de reclutamiento. En este, buscamos talento que se base en principios y valores, no solo pensamos en la compensación que se ofrecerá. No sería sostenible comprar el talento a billetazos. Sí, este año le fue bien a la empresa, y sí, hay mucho billete y podríamos contratar a alguien con un sueldo alto, pero ¿qúe va a pasar el próximo que tal vez no sea tan bueno? Y no solo eso, hay muchas razones para no empezar en el tabulador más alto, pero eso lo veremos en el proceso de compensación, un poco más adelante. Ahora me interesa enfocarme en volver sostenible el reclutamiento de una manera orgánica. La clave está en el programa de inducción o de *onboarding*.

Queremos que el talento se sostenga dentro de la compañía, que esté en ascenso y en crecimiento horizontal para que la gente acumule experiencias y conocimientos. Para lograrlo necesitamos empezar bien, con un programa de inducción muy creativo, dinámico y participativo. Casi todas las empresas que se acercan conmigo no tienen un programa de inducción completo que permita ser sostenible a lo largo del tiempo. Casi siempre se adoptó algo hace muchos años y nunca se actualizó. En el peor de los casos, en muchas empresas ni existe. Lo que existe es el típico:

—Ten, siéntate aquí y vas a leer esta carpeta de políticas y procedimientos. Yo voy a una junta, vengo por ti al mediodía para ir a comer.

Y el nuevo empleado se queda ahí, solo, durante varias horas, perdiendo el tiempo, acumulando una sensación de duda, de que quizá esa empresa no era la mejor opción para él. Es terrible empezar así. La primera experiencia del empleado tiene que ser muy diferente. Hay empresas, de verdad, todavía en pleno siglo XXI, que siguen con una inducción que consiste en una carpeta beige y en abandonar a la persona en un cubículo por varias horas. Lamentable. Entonces, ¿qué vamos a hacer?

Vamos a crear una experiencia en torno a ese primer día de trabajo. Llega la persona y le entregamos su camiseta polo de la empresa, de buena calidad, con el logotipo, el nombre del departamento e, incluso, con su nombre. Y se le entrega una caja con los productos de la empresa o que utilizan las materias primas producidas ahí —o vales para canjearlos por servicios o lo que sea, ya entienden la idea—. Después se le presenta con toda la gente, una por una, con la que físicamente va a trabajar. Si tiene que ser de forma virtual, detrás de la pantalla, lo mismo; todos se toman unos minutos para dar la bienvenida de forma individual. Y se hacen reuniones y el líder inmediato invita a otros líderes, gerentes, directores y demás, para que lo conozcan. Esto sería lo básico. Después le pueden ir sumando, es decir, personalizando la experiencia: una foto con la mascota de la compañía, si es que tienen una botarga que apoya a los equipos deportivos, por ejemplo; o un libro que puede resultar significativo para el puesto en particular o que complementará sus conocimientos sobre cierto tema. En fin, las opciones son muchas. Hay un factor importante que falta y no debemos descuidar. De hecho, es el punto clave para hacer esto sustentable. Lo anterior es agradable y permite empezar una carrera en la empresa con el pie derecho, sin embargo, no tiene el alcance deseado. Lo que debe suceder es que el nuevo empleado dará *feedback* a la empresa sobre este proceso de inducción. ¿Qué le gustó, qué no le gustó, qué elementos se pueden mejorar? Y, todavía más, este nuevo empleado va a trabajar con un grupo interdepartamental de nuevos empleados para hacer una renovación anual del programa de inducción. De esta forma, el giro al programa es completo, se sostiene, pues cada año se le pueden sumar o restar nuevos elementos para hacerlo más significativo. Otro punto a favor es que todo esto no dependerá, como suele suceder, de la dirección de Recursos Humanos, sino que habrá una suerte de comité o equipo de varios departamentos, lo que intrínsecamente mejorará la experiencia.

Funciona igual con la capacitación, como ya hemos visto. La capacitación tiene que ser real para cada puesto. Hablábamos del debate eterno sobre si capacitar a todos o solo a unos cuantos. Partamos de esto: no se vale tener únicamente un plan de capacitación para la empresa y decir: Bueno, como no tenemos mucho dinero para invertir, este año todos van a tomar estos ocho cursos básicos, y listo. Es más conveniente poner tres cursos básicos y dejar presupuesto para capacitar a las personas que en realidad vale la pena desarrollar. Porque sí, todos deben contar con las bases y esa capacitación es necesaria, pero la gente con talento extraordinario va a ser el sostén de la compañía o, al menos, eso es lo deseable, y por lo mismo debemos invertirle a esa gente. Antes de que se vayan a otro lugar donde sí les inviertan. Entonces así también se vuelve sostenible la capacitación: aquellos con talento extraordinario se desarrollan y sostienen a la compañía a través del tiempo gracias a que la capacitación se traduce en innovación, en una visión para mejorar la producción, en estrategias disruptivas para llegar al consumidor final, en fin… Se traduce en una transformación positiva de la empresa.

Bien, mencioné la compensación hace rato, no se me ha olvidado. Este proceso se vuelve sostenible si es realista en función del mercado y de las posibilidades de la empresa. No hace mucho trabajé con una compañía donde el director general me decía:

—Oye, yo quiero ganar un montón. Unos $200,000 pesos. Entonces hay que poner a mis directores en $120,000 y a varios gerentes más o menos por los $80,000.

Claramente, no es así como se hace esto. No es realista. Hay ciertas reglas internacionales en torno a la compensación organizacional y se tienen que cumplir. No es lo mismo una empresa que vende cincuenta mil millones de dólares a una que vende ocho mil millones de dólares. O de pesos. Y tampoco es igual cuando la compañía tiene una plantilla laboral de 300 empleados que son tu responsabilidad como director general. O mil empleados. Es diferente a una empresa de 12,000 empleados a tu cargo. Porque el impacto de tus decisiones, de tu trabajo en general, tiene un alcance mayor, entonces los tabuladores de sueldo son distintos. A ese director general que les contaba, el que quería ganar doscientos mil, le pasó que a su director de operaciones se lo llevaron a otra empresa ganando más de doscientos mil. No entendía cómo eso era posible. Pero sí era muy posible porque la otra empresa tenía cinco veces más gente y vendía, al menos, tres veces más. Para que no se enfermara del estómago, ya ni le platiqué cuánto ganaba el director general de esa empresa.

La lección aquí es que para hacer sostenible el proceso de compensaciones, debemos basarnos en el mercado, en la realidad. Si un tabulador dice: mínimo, 25 mil; medio, 30 mil; alto, 35 mil, entonces se contrata con el mínimo. Cuando la persona te convence con sus resultados, entonces se sube a 30 mil o hasta 35, dependiendo. Pero si entra y gana lo máximo, se imposibilita dar un buen incremento y entran las complicaciones. El proceso deja de ser sustentable a través del tiempo porque no podría haber una compensación equilibrada, es decir, no habrá equidad en las compensaciones dentro de la empresa.

Aquí mencioné seis o siete ejemplos, pero cada proceso de Recursos Humanos tiene que ser sostenible. ¿Qué significa eso? Que se sostenga, así de fácil. O, si les sirve con la otra palabra, sustentable, entonces pueden pensarlo así: que se sustente. Todo tiene que estar sustentado para que los procesos no se pongan en duda ante nadie. También para que, por ser válidos, puedan permanecer y se vuelvan necesarios. Igual con la gente: permanece, crece y se desarrolla. Esa es la sostenibilidad en los procesos de Recursos Humanos.

Es difícil practicarlos todos dentro de este marco sostenible. Al menos de inicio, pero debemos seleccionar algunos, los que pueden tener más impacto en los resultados del negocio para también volverlo sostenible. Así poco a poco desarrollamos una fórmula, una cultura de transformación, hasta que todo en RH sea perfectamente sostenible para la empresa. Quizá es más difícil en las empresas familiares o pequeñas donde no hay expertos para este tipo de temas asociados a los ejemplos que les di. Por la falta de experiencia y de experticia pueden incluso ignorar que un proceso de esta naturaleza pueda ser sostenible. Y, aunque le echen ganas y estén en vías de convertirse en grandes líderes, necesitan apoyo de un consultor externo para ayudarlos en estos procesos que, al final, pueden sentar las bases para que la empresa se establezca y dure por muchas generaciones.

Esta sostenibilidad es la tendencia en Recursos Humanos, una tendencia que pronto se volverá permanente. Y así como la ley ya ha establecido aspectos de sostenibilidad que son auditables, seguramente la Secretaría del Trabajo y Previsión Social, o la secretaría que corresponda, va a seguir desarrollando normas que, algún día, alcancen esto que describo aquí. Entonces, más vale adelantarnos. Ya lo platicamos en otros capítulos, como en el de la norma 035 y el de Diversidad e inclusión, este tipo de tendencias ya empiezan a ser obligatorias y, de igual manera, se convierten en obligaciones legales de la compañía. Cuando ya las tenemos, pues bienvenidas las nuevas obligaciones, porque para nosotros ya lo eran desde antes y estábamos listos. Esa es la realidad en la que debemos vivir: con una visión hacia el futuro, sin vivir en el pasado.

A PILOTEAR LA NAVE

La experiencia no sirve si tan solo se acumula, lo deseable es compartirla para construir a partir de ella. Mis años de experiencia como directivo en empresas transnacionales y consultor de todo lo relacionado a Recursos Humanos me han dejado, sobre todo, dos cosas: un ansia por permanecer actualizado sobre los temas de importancia social en las organizaciones y, segundo, experiencias que por algunos años deseaba compartir con el objetivo de apoyar a los líderes a transformar sus empresas. Y aunque con frecuencia me brindan la oportunidad de hacerlo a través de conferencias presenciales y por Zoom, el medio escrito es relevante por la comunicación uno a uno que se logra con los lectores.

Escribo esta conclusión a manera de resumen y con la intención de destilar todo lo anterior en unos cuantos puntos. Son pensamientos finales y, al mismo tiempo, puntos suspensivos, porque los seres humanos somos cambiantes y las empresas, al ser organizaciones humanas, tampoco dejan de reinventarse. Las empresas y las personas son entidades ligadas que se necesitan unas a otras para subsistir, crecer y desarrollarse; viven una simbiosis determinante para su futuro. En conjunto deben progresar y tomar lo mejor y más conveniente una de la otra para complementarse y adquirir el poder de ser eficientes. Lograr las metas financieras del negocio es solo una parte del objetivo general de las empresas modernas. Dichas metas se deben alcanzar, aparte, en un ambiente sano, que brinde oportunidades, que promueva la libertad de expresión, el crecimiento, el desarrollo y busque permanencia a través del tiempo con opciones de mejora. Es imperativo para las empresas y para el talento que habita en las mismas que se sigan las normas y estándares nacionales e internacionales para que sirvan de guía y los ayuden a desarrollarse en un entorno global moderno, de cumplimiento, de valores, diverso e inclusivo.

Hemos borrado las distancias geográficas y también estamos trabajando para borrar las que nos dividen socialmente. En esta nueva normalidad, debido al trabajo remoto, hemos adoptado la flexibilidad del tiempo como normal y no hay marcha atrás, para vivir en la modernidad hay que transformarse y adaptarse. Bajo esta premisa, las empresas y las personas se han parado en un nuevo punto de partida; el teletrabajo nos brinda las bondades que un día soñamos, pero imaginábamos irrealizables. Y, sin embargo, hoy son una necesidad.

Vivimos en un mundo donde se mezclan hasta seis generaciones. En los negocios llegan a convivir hasta cuatro de ellas y se relacionan y se condicionan para lograr el éxito. Vivimos en un mundo en el que personas con orientaciones sexuales distintas y mentalidades diferentes trabajan por el mismo objetivo. Vivimos en un mundo donde es importante, por no decir vital, ser sensibles y estar capacitados para adaptarnos a las diferencias que, a fin de cuentas, es lo que enriquece la cultura y nos hace fuertes. Es por eso que el desarrollo de políticas y la cultura de diversidad e inclusión son hoy un destino necesario para todas las empresas y personas. Esto ya no es sinónimo de vanguardia, es simplemente una exigencia social y un imperativo de negocio.

La nueva normalidad nos ha empujado a terreno desconocido, a una nueva dimensión, donde el trabajo y, en general, las cosas más importantes de la vida están en constante cambio. Debemos estar alineados con las tendencias y la cultura de nueva normalidad para salir adelante, de no ser así, el peligro puede ser grande y el costo de la falta de adecuación, más temprano que tarde, cobrará factura.

Este libro es una invitación para crear un entorno de Recursos Humanos exitoso, lo cual se traducirá en un presente lleno de triunfos y un futuro brillante durante la nueva normalidad y lo que nos depare el porvenir.

ACERCA DEL AUTOR

Originario de Monterrey, N.L., Carlos Calles Botello cuenta con cuarenta y dos años de experiencia en las áreas de Recursos Humanos y Seguridad Patrimonial en empresas internacionales. Con excepción del área Compensaciones, se desempeñó en todas las posiciones de RH en la organización, desde nivel Analista hasta Vicepresidente para América Latina. Su experiencia internacional lo ha llevado a trabajar como expatriado en América del Sur a cargo de la región LATAM y a dirigir proyectos internacionales de Recursos Humanos y Seguridad Patrimonial con base en Europa, entre 2005 y 2011.

En los últimos quince años ha participado activamente como director, líder y consultor de dos aspectos fundamentales en las empresas y en la vida: la Diversidad e Inclusión, y la Sostenibilidad y Responsabilidad Social.

Desde hace años combinó su trabajo empresarial con la consultoría en Recursos Humanos y Responsabilidad Social. Actualmente es Socio Fundador de la empresa de consultoría Calles Consulting con especialidad en todas las áreas de Recursos Humanos y Responsabilidad Social.

Carlos Calles Botello es Lic. en Comunicación por el Tecnológico de Monterrey, cuenta con una especialidad en Recursos Humanos de la misma universidad, un *minor* en Recursos Humanos de la Universidad de Michigan y un diplomado en Desarrollo de Recursos Humanos de la Universidad de Chicago.

Editorial ***En nuestro tiempo***, 2021

Información: 8115897380

lascallesamedianoche@gmail.com

Monterrey, NL, México.

www.ingramcontent.com/pod-product-compliance
Lightning Source LLC
Chambersburg PA
CBHW070108230526
45472CB00004B/1173